中国双重上市公司股票价格差异研究

李 媛 著

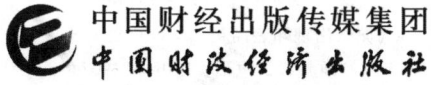

中国财经出版传媒集团
中国财政经济出版社

图书在版编目（CIP）数据

中国双重上市公司股票价格差异研究/李媛著．--
北京：中国财政经济出版社，2019.8
ISBN 978-7-5095-9346-2

Ⅰ.①中⋯　Ⅱ.①李⋯　Ⅲ.①上市公司-股票价格-
研究-中国　Ⅳ.①F279.246

中国版本图书馆CIP数据核字（2019）第233558号

责任编辑：张怡然　刘孺泾　　　　责任印制：张　健
责任校对：张　凡

中国财政经济出版社　出版

URL: http://www.cfeac.com
E-mail: cfeac@cfemg.cn

（版权所有　翻印必究）

社址：北京市海淀区阜成路甲28号　邮政编码：100142
营销中心电话：010-88191522
天猫网店：中国财政经济出版社旗舰店
网址：http://zgczjjcbs.tmall.com
北京中兴印刷有限公司印刷　各地新华书店经销
787×1092毫米　16开　13.25印张　171 000字
2019年8月第1版　2019年8月北京第1次印刷
定价：60.00元
ISBN 978-7-5095-9346-2
（图书出现印装问题，本社负责调换）
本社质量投诉电话：010-88190744
打击盗版举报热线：010-88190414　QQ：447268889

摘　要

随着生产力水平的提高、科学技术的进步和发展，经济全球化程度不断加深。在经济全球化的带动下，金融全球化的趋势愈发明显，发达国家和发展中国家国内金融市场与国际金融市场之间的联系都在不断加强，全球资金在更为广阔的市场进行优化配置。与此同时，世界各个国家和地区在金融政策、金融业务等方面的竞争和协调，也使全球金融成为一个不可分割的整体。金融市场作为金融活动的主要载体，金融市场全球化是金融交易全球化的重要一环。现阶段，金融管制导致的市场分割，在一定程度上限制了全球资本的流动。随着发达国家金融市场的不断完善，发展中国家新兴市场的筹备和发展，发达国家之间、发达国家和发展中国家之间、发展中国家之间资本市场进一步开放和融合，证券市场全球化的程度逐渐加深。在金融全球化的背景下，越来越多的企业选择境外上市，这不仅提高了金融开放的程度，促进了全球资本的流动，也打通了国内和国外两个证券市场，从而促进了全球金融市场的融合。

对于我国企业而言，除在内地证券交易所上市之外，赴港上市已经成为趋势，A股和H股股票的价格差异也成为众所关注的焦点问题。首先，本书是在以往研究的基础上以在内地、香港证券交易所同时上市的双重上市公司为研究对象，对股权分置改革的过程进行详细的阐述，并分析股权分置改革对A股和H股股票市场产生的影响。其次，本书对双重上市公司股票收益率与市场收益率之间的联动关系进行研究，并对股权分置改革前后，两者之间的关系进行对比分析。再次，本书对影响两地股票价格差异的因素进行分析，首次将双重上市公司的发展历程纳入考察中，并着重探讨股权分置改革在其中的作用。最后，本书总结了研究结论，并对股票市场的发展与政策的实施提出了建议与对策。本书的主要内容、研究结论如下。

第一，本书梳理了相关文献，对上市公司双重上市的动因以及影响双重上市公司股票价格差异的因素进行了阐述，为文章的研究提供了基础。本书对影响公司双重上市的外部因素和内部因素进行了梳理，并对需求差异、流动性差异、信息不对称差异、风险差异等因素，在影响双重上市公司股票价格差异中的作用进行了说明。

第二，本书对我国双重上市公司进行了界定，并对两地证券市场的发展进行了介绍。随着证券市场的不断发展，无论从上市公司数量，还是从股票市价总值、股票成交量、股票成交额等角度来看，中国证券市场都已经具备了相当大的规模，在各个方面不断进步和完善，资源配置不断优化，投融资渠道不断增加。证券市场在中国经济发展的各个方面发挥着越来越重要的作用，在证券市场走向成熟的过程中，为中国经济提供了多种投融资服务。本书所研究的中国双重上市公司是指在内地、香港证券市场同时上市的公司，由于香港具有较为完善的法律制度和经济体系，证券市场融资成本低廉，上市过程简洁，因而吸引了越来越多的企业在港上市，自从1993年7月15日青岛啤酒在香港上市以来，越来越多的公司进入香港金融市场。在市场和政策的推动下，上市公司从H股上市后再回归A股的数量不断上升，上市公司在A股上市之后选择去H股进行再融资的数量也陆续增加。由此，我国企业A股和H股双重上市的局面逐步形成。

第三，本书对我国股票市场特有的股权分置现象进行了说明，并对在股权分置改革背景下研究A股和H股股票价格差异的重要性进行分析。在对股权分置改革的整个过程进行详细的阐述之后，本书对股权分置改革包含的多个重要事件进行了研究，并采用事件研究法，对上市公司股权分置改革之后的首个交易日以及上市公司第一个解禁交易日，A股和H股股票市场的反应进行对比分析。实证结果表明，第一，在对A股股票市场的研究中，在上市公司股权分置改革之后的首个交易日，A股的平均异常收益率显著为正，在事件窗口期内，累计异常收益率也显著为正，即股权分置改革对A股股票产生了显著地影响。而在上市公司第一个解禁交易日，尽管A股股票的平均异常收益率发生了下降，但并不是显著异于0的，事件窗口期内，A股的累计异常收益率也不是显著异于0的，说明市场对于A股限售股解禁的消息反应较为平稳。第二，在对H股股票市场的研究中，在上市公司股权分置改革之后的首个交易日，H股并没有明显的变动，但在之前的一个交易日，H股的平均异常收益率显著为正，表明在A股股权分置改革完成之前，H股股票市场已经对股权分置改革做出反应。而在上市公司第一个解禁交易日，H股股票市场基本没有受到影响，说明H股股票市场对A股限售股的解禁反应也较为平稳。

第四，本书对双重上市公司股票收益率与两地证券市场收益率之间的联动关系进行了研究。由于A股和H股在不同的证券交易所上市交易，其收益率与两地证券市场收益率之间的联动关系，成为本文首先考察的问题。通过对A股和H股股票的对比分析，本章得到了如下结论：第一，A股股票收益率的变动，受到了内地证券市场显著的正向影响，只有少数公司受到香港证券市场收益率变动的影响；H股股票收益率的变动受到内地和香港两地证券市场的共同影响，但香港证券市场收益率的变动对H股股票收益率产生的影响更大。由于A股上市公司的上市地和主要业务均在中国大陆，因此，A股受到了大陆证券市场的显著正向影响，H股则与香港证券市场中的股票更相似。第二，在股权分置改革之后，A股仍然主要受内地证券市场收益率变动的影响且大部分公司受内地证券市场收益率变动的影响增强；H股仍然受到两地证券市场收益率变动的共同影响且在股权分置改革之后，部分上市公司受内地证券市场收益率变动的影响增强。

第五，本书对我国双重上市公司股票价格差异的影响因素进行分析。实证结果表明，首先，随着A股股票相对供给量的增多、相对风险的增加以及相对流动性的降低，A股和H股股票价格的差异缩小。此外，人民币的升值也会缩小两地股票价格的差异。其次，在考虑我国双重上市公司的不同发展阶段之后，上述结果没有发生实质的改变。在双重上市公司发展的第二、第三和第四阶段，两地股票价格差异都有不同程度的减少，鉴于发展的第二阶段在股权分置改革提出之后，侧面验证了股权分置改革在两地股票价格差异中的作用，即在股权分置改革之后，两地股票价格差异逐步缩小。再次，股权分置改革之后，A 股和 H 股股票价格差异不断缩小，在去除时间趋势的影响之后，上述结果没有发生明显的改变。在 A 股逐步实现自由流通的过程中，随着 A 股流通股的增加，A 股和 H 股股票价格差异不断缩小。最后，在因变量的选择上，本书使用股票收盘价格和考虑分红派息后的股票价格进行对比，结果并没有产生差异。

第六，在经济全球化的影响下，我国资本市场的开放程度不断增加，我国 A 股市场和 H 股市场也更加紧密地联系在一起，股票市场的市场分割现象逐步缓解。根据以上结论，结合中国的实际情况，本书提出了如下政策建议：进一步推进资本市场开放，拓宽投资渠道，改善股票市场信息不对称现状，完善监管措施。

Abstract

As the rise of productivity, the advance of science and technology, and the development of economic globalization, the development of financial globalization has increased. It has strengthened the economic trade relationship between developed and developing nations and has promoted the optimum allocation of the global funds. On the other side, the coordination and competition on financial policy and financial business among different countries have made the world of a whole. As the carrier of economic activities, the globalization of financial market is the key to the globalization of financial business. The market segmentation caused by the financial regulation has limited the capital flows. As the improvement of developed countries and the development of developing countries, and the openness of capital market in developed and developing nations, the globalization of stock markets has deepened ever since. In the background of financial globalization, a growing number of companies has chosen overseas listing to bring greater financial openness. What's more, overseas listing has also helped the integration of global financial markets and accelerate the capital flow.

In recent years, a growing number of Chinese companies has chosen to list on Hong Kong stock market, the price disparity between A-shares and H-shares has attracted more and more attention. Based on previous studies, the dissertation examines companies that issue both A-shares in China inner stock market and H-shares in Hong Kong stock market, while H-shares are available to Hong Kong and international investors. Weexplore the impact of split-share structure reform on A-shares and H-shares, analyze the co-movement of cross-listed securities and the markets, and try to find the empirical evidence relating to sources of H-share discounts. We also give comments on the development of Chinese stock market based on the conclusion of this dissertation.

First, this dissertation reviews the literature on the reasons of dual listing and the influencing factors of price disparity of cross-listed companies. We explore the external and internal factors that affect the companies' choice to list abroad. We examine the differential demand hypothesis, differential liquidity hypothesis, asymmetric information hypothesis and differential risk hypothesis, and elaborate their importance on the price disparity of cross-listed companies.

Second, this dissertation gives the definition of cross-listed companies and introduces thehistorical background of the security market, especially A-shares and H-shares stock markets. As the development of stock market, the number of listed companies has increased and the total market capitalization, the trading volume and turnover have added up quickly. Optimization of financial resources allocation becomes the motivation to promoting the continuous improvement and perfection of the stock market. During the course of our stock market becoming perfect, the Chinese stock market has played an important role in the development of economy, especially in the investment and financing areas. We examine Chinese companies that issue both A-shares in mainland China and H-shares in Hong Kong. Since Hong Kong stock market has more advantages such as good law environment and economic system, low costs and simple listing procedure, more and more Chinese companies prefer to list in Hong Kong. The Tsingtao Brewery China's IPO was issued in Hong Kong in 15 July, 1993. It opened the prologue that domestic companies go to Hong Kong stock market listing. On national policies, the number of companies issues H-shares went back to mainland China stock market has increasing and vice versa.

Abstract

Third, we discuss the split share structure reform in details and emphasize its importance. What should be noticed is that split share structure reform has played an important role in price disparity of cross-listed companies. We examine the relationship between split share structure reform and A-shares (H-shares). We discuss about different periods of the split share structure reform in details and adopt event study to analyze the abnormal return and cumulative abnormal return around the second resumption day and the first announcement of lockup expiration. We find that, for A-shares, on the second resumption day, the abnormal return and cumulative abnormal return are significantly positive, resulting in apparent response to the market. On the first announcement of lockup expiration, they are not significantly positive. For H-shares, before the second resumption day, the market has already reacted positively. But on the first announcement of lockup expiration of A-shares, the market has made a stable reaction.

Fourth, we investigate the relationship between A-share returns, H-share returns and the Shanghai (Shenzhen) and Hong Kong stock markets returns. Since firms that issue both A-and H-shares are located in China inner, we explore the dynamic movements of stockreturns and markets. We find that A-shares mainly exhibit significant exposure to domestic market. On the other side, H-shares have been affected by both stock markets, but behave more like Hong Kong stocks. When split share structure reform is considered, A-shares and H-shares behave just like before. What should be noticed is that for some cross-listed companies, the domestic market has more influence on both A-shares and H-shares.

Fifth, we adopt panel data to analyze the H-share price discounts. As the increasing of relative supply, relative risk and the decreasing of market capitalization and relative liquidity of A-shares, the price disparity of A-shares and H-shares narrows down. The appreciation of RMB will decrease the price disparity. When we put stages of development of cross-listed companies into consideration, the results are robust. When we consider the split share structure reform, as the number of tradable A-shares increases, the price disparity between A-shares and H-shares narrows down. The results are robust when we consider time effect in our analysis. Last but not the least, different measuring standards of stock prices don't change the above results.

Sixth, under the impact ofeconomic globalization, the capital market has grown more mature in China. Domestic stock market and Hong Kong stock market have been closely connected. The market segmentation has alleviated. Based on our conclusion, we should make great efforts to open up the capital markets, widen the investment channel, and improve the information asymmetry and supervision measures.

目 录

第 1 章 绪　论 ………………………………………………………… 1
　1.1　研究背景 …………………………………………………… 3
　1.2　研究意义 …………………………………………………… 11
　1.3　研究思路和方法 …………………………………………… 13
　1.4　研究的创新与特色 ………………………………………… 14

第 2 章 文献回顾 ……………………………………………………… 17
　2.1　关于双重上市动因的文献综述 …………………………… 19
　2.2　关于双重上市公司股票价格差异的文献综述 …………… 31

第 3 章 中国双重上市公司概述 ……………………………………… 49
　3.1　双重上市公司的界定 ……………………………………… 51
　3.2　两地证券市场概述 ………………………………………… 52
　3.3　双重上市公司的发展历程 ………………………………… 58
　3.4　本章小结 …………………………………………………… 66

第 4 章 股权分置改革对双重上市公司的影响 ……………………… 69
　4.1　研究股权分置改革的意义 ………………………………… 71
　4.2　研究设计与研究方法 ……………………………………… 75
　4.3　实证结果分析 ……………………………………………… 80
　4.4　本章小结 …………………………………………………… 93

第5章 双重上市公司股票与市场联动性研究 ·········· 95
5.1 研究目的与研究思路 ·········· 97
5.2 样本选择与数据说明 ·········· 98
5.3 实证研究设计及结果分析 ·········· 101
5.4 本章小结 ·········· 118

第6章 双重上市公司股票价格差异研究 ·········· 119
6.1 研究背景与研究意义 ·········· 121
6.2 变量选择与数据说明 ·········· 123
6.3 双重上市公司股票价格差异研究 ·········· 132
6.4 本章小结 ·········· 145

第7章 研究结论与政策建议 ·········· 149
7.1 研究结论 ·········· 151
7.2 启示与政策建议 ·········· 153

参考文献 ·········· 158

附录1 双重上市公司股票价格差异统计表 ·········· 179

附录2 面板数据周度回归结果（调整价格） ·········· 187

附录3 面板数据日度回归结果（收盘价格） ·········· 191

附录4 面板数据日度回归结果（调整价格） ·········· 195

第 1 章

绪 论

1.1 研究背景

随着生产力水平的提高、科学技术的进步，经济全球化势不可挡已经成为世界发展的必然结果。在经济全球化的带动下，作为载体的金融市场不断发展，其全球化趋势愈发明显。金融市场的国际全球化，将各个国家国内金融市场与国际金融市场紧密地联系在一起；金融市场的融合和发展，将全球资金在不同的金融市场中进行配置，世界各个国家和地区在金融政策、业务等方面的竞争和协调，也使全球金融成为一个不能分割整体。一方面，发达国家金融市场的发展和完善，离不开金融全球化的推动；另一方面，发展中国家新兴市场的兴起也需要全球金融资本的支持，金融全球化有利于新兴市场充分利用先进的科学技术和充裕的资金，促进经济的迅速发展。金融市场全球化是金融交易全球化的重要一环，在现阶段，由于金融管制导致的市场分割现象的存在，在一定程度上限制了全球资本的流动。但随着发达国家金融市场的不断完善，发展中国家新兴市场的筹备和发展，发展中国家资本市场的陆续开放，发达国家和发展中国家之间的资本市场不断融合，都使得证券市场全球化的程度在逐渐加深。在金融全球化的背景下，越来越多的企业选择在境外上市，这不仅推动了金融开放程度提高，促进了全球资本流动，也打通了国内和国外两个证券市场，从而促进了全球金融市场融合。表1-1是近10年全球证券交易所上市公司的概况，统计数据截至每年年底。2006年，全球上市公司数目为

中国双重上市公司股票价格差异研究

44086家,2016年,全球上市公司增长为51674家,在10年时间里,全球上市公司数目的增长幅度为17.212%。境外上市公司的数目,由2006年的2350家,增长为2016年的3123家,增长幅度高达32.894%。此外,从境外上市公司所占全球上市公司的比重来看,2006年境外上市公司占比为5.33%,2016年增长为6.04%,在10年时间里,境外上市公司占比最高为6.69%,出现在2007年。总体而言,境外上市公司占全球上市公司的比重变动较为平稳,表明境外上市公司的数量随着全球上市公司的数目一起增长。表1-1还对全球三个重要的证券交易所——纳斯达克证券交易所、纽约证券交易所以及伦敦证券交易所中境外上市公司的数目进行考察,在2006年,纳斯达克证券交易所境外上市公司为321家,2016年这个数字增长为388家,增幅为20.872%,纽约证券交易所境外上市公司数目由451家增长为514家,增幅为13.969%,伦敦证券交易所增幅最大,达到51.020%,由2006年343家境外上市公司,增加至518家境外上市公司。

表1-1 全球上市公司概况 单位:家

年份(年)	全球上市公司数目	境内上市公司数目	境外上市公司数目	境外上市公司占比	纳斯达克证券交易所境外上市公司数目	纽约证券交易所境外上市公司数目	伦敦证券交易所境外上市公司数目	三大证券交易所境外上市公司占比
2006	44086	41130	2350	5.33%	321	451	343	47.45%
2007	45063	42328	3015	6.69%	307	421	719	47.99%
2008	45638	43553	2984	6.54%	296	415	681	46.65%
2009	44927	42822	2976	6.62%	283	495	618	46.91%
2010	45249	42384	2865	6.33%	298	518	604	49.56%
2011	46310	43407	2903	6.27%	297	520	598	48.74%
2012	46820	43797	3023	6.46%	290	524	588	46.38%
2013	47308	44292	3016	6.38%	309	519	572	46.42%
2014	50786	47599	3129	6.16%	352	527	572	46.37%
2015	51674	48551	3123	6.04%	388	514	518	45.47%

数据来源:World Federation of Exchanges (http://www.world-exchanges.org/home/index.php/members)。

值得注意的是，在以上三大证券交易所中，境外上市公司占交易所全部上市公司的比重较为稳定，一直在45%至47%之间，说明美国的纳斯达克证券交易所、纽约证券交易所以及英国的伦敦证券交易所，一直都是各个国家企业跨境上市的首选地点。

对于我国内地企业而言，除在内地的证券交易所（上海证券交易所、深圳证券交易所）上市之外，赴海外上市已经成为趋势，上市地点也已经发展至世界上多个国家和地区。截至2015年年底，我国的内地企业，在除香港之外的海外证券交易所上市的公司达到333家，其中，在美国上市的公司达到156家；在纳斯达克证券交易所上市的有94家公司，有57家公司在纽约证券交易所上市，在美国证券交易所上市的则为5家。此外，我国内地企业还在包括新加坡证券交易所、伦敦证券交易所在内的众多海外证券交易所上市。另外，截至2015年年底，内地有228家企业在香港联交所上市，在香港联交所上市的企业数目，超过了其他任何一个海外证券交易所。由于香港独特的经济、政治优势以及香港与内地相连的地域优势，加之政策的鼓励和支持，使香港成为大部分企业和公司境外上市的首选地。1993年7月15日，青岛啤酒股份（600600.SH；00168.HK）在香港上市，成为赴港上市的第一家公司，此后，越来越多的公司进入香港证券市场。需要指出的是，在市场和政策的推动下，上市公司从H股上市后再回归A股的数量不断上升，而上市公司在A股上市之后，选择去H股进行再融资的数量也陆续增加，由此，我国企业A股和H股双重上市的局面逐步形成。虽然经过一些反复和波折，但整体发展的趋势没有发生改变，截至2015年12月31日，我国共有88家上市公司实现A股和H股同时上市。本书的研究对象，为在内地证券市场和香港证券市场同时上市的A+H双重上市公司。

自H股在香港证券市场上市以来，我国证券市场形成了A股、B股和H股同时存在的局面。其中，2001年之前，B股股票仅限外国的投资者进行买卖。H股股票则主要面向香港居民和境外投资者。A股股票市场和B

中国双重上市公司股票价格差异研究

股股票市场的市场分割现象随着2001年相关政策的出台有所缓解——2001年2月19日，我国股票市场开放境内个人居民投资B股市场，自此，B股市场开始向境内投资者开放，这一政策的实施使得境内居民可以同时投资于我国A股市场和B股市场。对于A股和H股股票市场，2007年8月20日，《开展境内个人直接投资境外证券市场试点方案》由国家外汇管理局发布，引起了广泛关注。同时，中行天津分行拟推出投资香港股票的业务，外汇管理局进而宣布了"港股直通车"的计划，放开境内投资者对外投资的限制。但港股直通车并没有真正实行起来。2014年4月10日，内地和香港证券市场又发生了一件大事，中国证监会正式批复了沪港通互联互通机制的试点，且于同年的11月17日正式运行。沪港通使上交所、香港联交所的投资者，可以借助当地的证券经纪商或者证券公司，按照自己的意愿，买卖规定范围内的股票。沪港通的开通，是我国资本市场进一步放开的重要举措，加强了两地证券市场的联系，丰富了投资者的投资品种，推动了两地资本市场的双向联动。尽管随着时间的推进，A股股票市场和H股股票市场的联系越来越紧密，但A股市场和H股市场之间的分割现象依然存在。原因在于，尽管沪港通的开通使内地和香港的投资者可以购买对方证券市场中上市的股票，但股票转换的功能并没有得到真正的实现，即境内投资者购买的H股股票，只能在H股股票市场卖出，不能在A股股票市场卖出，也不能将H股股票转换为A股股票。根据同股同权的原则，在期望收益率一致的情况下，A股股票和H股股票的价格应该相近或者趋同，但相对于H股股票，A股股票价格和收益率呈现溢价。针对这一现象，Bailey在1999年已经指出，他对分割市场国家的股票进行研究时发现，只有在中国股票市场中，面向境内投资者的股票价格，高于面向境外投资者的股票价格，Fernald和Rogers（2002）在他们的研究中，更形象地将此现象称为"中国的股票市场之谜"。由此可见，中国分割的股票市场，具有重要的研究意义。中国A股和H股股票价格存在的差异，是研究重点，一方面，双重上市公司股票价格差异一直存在。产生股票价格差异的原因是什么，即导致 A + H 双重上市公司股票价格差异的原因是什么？另一方面，双重上市公司股票价格差异在逐步缩小。股票价格差异缩小的原因是什么？怎样减缓两地股票价格差异？股票市场的股权分置改革，对内地和香港两地股票价格差异产生了怎样的影响？

目前，各国学者针对双重上市公司问题进行的研究，主要集中在两个方面，一是对企业进行双重上市的动因进行研究，即企业为什么选择跨境上市；二是对双重上市公司两地股票价格差异的影响因素进行分析。在对双重上市动因的研究中，目前的研究已经形成了比较成熟的假说，如 Stapleton 和 Subrahmanyam（1977）首先阐述了市场分割假说，他们指出，贸易投资壁垒的存在使全球资本的流动存在障碍，企业通过跨境上市，可以跨越限制国际资本自由流动的各种障碍，从而达到分散系统性风险、降低投资者期望收益率的目的，进而降低企业的筹资成本。他的结论得到了 Errunza 和 Losq（1985）、Alexander、Eun 和 Janakiramanan（1987）的验证，Foerster 和 Karolyi（1998）、Miller（1999）以及 Pagano、Roell 和 Zechner（2002）也从不同角度对市场分割假说进行了验证和扩展。以上研究均认为，市场分割是导致企业跨境上市的重要原因。Kyle（1985）、Amihud 和 Mendelson（1986）以及 Admati 和 Pfleiderer（1988）支持的流动性假说（Liquidity Hypothesis），也得到了很多学者实证方面的支持，如 Foerster 和 Karolyi（1993）、Mittoo（2003）、Chan、Hong 和 Subrahmanyam（2006），以及 Baruch、Karolyi 和 Lemmon（2007），他们均指出，企业为了获取更高的流动性选择双重上市，流动性的提高可以降低企业的资本成本，进而增加企业的价值。Merton 于 1987 年阐述了投资者认知假说。该假说认为，投资者对不同的股票，拥有的信息存在差异，因此，投资者会选择投资自己了解的证券，如果上市公司能够提高公司的信息透明度，提高投资者对公司的认知度，则能够降低投资者的期望收益率，从而降低公司的资本成本，进而提高上市公司的市场价值。Kadlec 和 Mcconnell（1994）、Foerster 和 Karolyi（1999）、Baker、Nofsinger 和 Weaver（2002）、Lang、

Lins 和 Miller（2003）以及 King 和 Segal（2009）都对投资者认知假说进行了验证和发展。除了以上三种假说，还有信号假说（Signalling Hyplthesis）、融资约束假说（Financing Constraint Hypothesis）、信息披露假说（Information Dsiclosure Hypothesis）、绑定假说（Bonding Hypothesis）、逃避假说（Avoiding Hypothesis）等，都对企业双重上市的动因进行了分析、验证以及拓展。

在对影响双重上市公司股票价格差异因素的分析中，各国学者都进行了较为深入的研究，形成了丰富的研究文献，也得到了较为统一的结论，各种影响因素的假说可以归结为：需求差异假说（Differential Demand Hypothesis）、流动性差异假说（Differential Liquidity Hypothesis）、信息不对称假说（Asymmetric Information Hypothesis）和风险差异假说（Differential Risk Hypothesis）。需求差异假说（Differential Demand Hypothesis）从股票的稀缺性方面进行分析，股票的相对稀缺性使股票的定价较高，并导致了股票的溢价，Stulz 和 Wasserfanen（1995）、Domowitz、Glen 和 Madhavan（1997）、Bailey、Chung 和 Kang（1999）、Sun 和 Tong（2000）以及 Lee、Rui 和 Wu（2008）都是需要差异假说的支持者。流动性差异假说（Differential Liquidity Hypothesis）由 Amihud 和 Mendelson（1986）提出，他们指出，股票的相对流动性越高、股票的相对价格越高、溢价程度也越高、股票流动性的差异，是导致双重上市股票价格产生差异的重要影响因素。流动性差异假说得到了 Bailey 和 Jagtiani（1994）、Foerster 和 Karolyi（1998）、Chen、Lee 和 Rui（2001）以及 Mei、Scheinkman 和 Xiong（2005）等学者的支持。信息不对称假说（Asymmetric Information Hypothesis）认为，上市公司披露的信息越多，信息不对称的程度相对越低，信息的透明度越高，双重上市公司的股票价差越小。Bailey 和 Jagtiani（1994）、Chakravarty 和 Wu（1998）、Gao 和 Tse（2004）、Grossmann 和 Ozuna（2007）、Chan 和 Yang（2008）以及 Karolyi、Li 和 Liao（2009）的研究均指出，信息不对称因素是导致双重上市公司股票价格差异的重要影响因素。Stulz（1981）最早对风险差异因素在双重上市公司股票价格差异中的作用进行分析,他指出,股票的相对风险越高,所要求的股票回报率越高,进而股票价格越低。Stulz(1981)提出的风险差异假说(Differential Risk Hypothesis)得到了 Errunza 和 Losq(1985)、Eun 和 Janakiramanan(1986)、Hietala(1989)、Ma(1996)及 Zhang 和 Zhao(2004)的支持。

以上针对双重上市公司的研究,大多考察企业在美国等发达证券市场进行跨境上市或者双重上市的情况,如 Amihud 和 Mendelson(1986)以纽约交易所 1961 年至 1980 年的年度数据为研究对象,对股票收益率和股票价格差异(Bid-ask Spread)之间的关系进行研究。Baker、Nofsinger 和 Weaver(2002)对在美国纽约证券交易所和英国伦敦证券交易所上市的境外股票进行研究,并使用分析师数量和媒体关注度作为投资者认知的替代变量。Chan、Hong 和 Subrahmanyam(2006)对美国存托凭证 ADR 市场的流动性和股票溢价之间的关系进行分析。类似的研究还有 Foerster 和 Karolyi(1993;1998;1999)、Datar、Naik 和 Radcliffe(1998)、Pagano、Roell 和 Zechner(2002)、Mittoo(2003)以及 Baruch,Karolyi 和 Lemmon(2007)等。此外,还有很多针对中国 A 股股票市场和 B 股股票市场的市场分割现象进行的研究,例如 Sun 和 Tong(2000)对中国股票市场中 B 股股票相对于 A 股股票折价的问题进行了研究。他们指出,香港股票市场中的 H 股以及红筹股是 B 股股票很好的替代品,H 股和红筹股的数量越多,B 股的替代品越高,B 股股票的价格越低,其相对于 A 股股票的折价程度越高。Lee、Rui 和 Wu(2007)对 B 股股票市场对国内投资者开放前后的 A 股和 B 股股票市场进行研究,在 B 股股票市场进行改革之后,B 股股票的价格不断上升,A 股和 B 股之间的价格差异不断缩小,说明针对 B 股股票市场的改革,对 A 股和 B 股股票价格差异的缩小起到了重要作用。Karolyi、Li 和 Liao(2009)也以 B 股股票市场对国内投资者开放为研究事件,他们指出,规模较大的上市公司,国外投资者的信息劣势较小,B 股相对于 A 股股票的折价程度也较小。针对中国 A 股和 B 股股票市场的研究还有很多，如 Chen、Lee 和 Rui（2001）、Gao 和 Tse（2001；2004）、Fernald 和 Rogers（2002）、Mei、Scheinkman 和 Xiong（2005）、Chan 和 Yang（2008）、Lee、Rui 和 Wu（2008）等。相对于以上丰富的研究成果，针对中国 A 股市场和 H 股市场双重上市的研究相对缺乏。国外方面，Wang 和 Jiang（2004）对中国 A 股和 H 股股票市场进行分析，H 股股票收益率的变动受到两地股票市场的共同影响，但受到 H 股股票市场的影响更大。文章验证了流动性假设，他们认为，A 股和 H 股股票存在的相对流动性的差异，在很大程度上影响了两地股票价格的差异，H 股的流动性越高，其相对于 A 股的折价程度越低。Chan 和 Kwok（2005）对我国证券市场中 A + B 以及 A + H 双重上市公司进行研究，他们指出，由于国内投资者的投资品种匮乏、可选择性小，A 股的供给相对缺乏，形成 A 股对 B 股和 H 股的溢价，A 股的供给越多，A 股和 B 股以及 A 股和 H 股之间的价格差异越小。Fong、Wong 和 Yong（2010）认为，微观因素和宏观因素同时对 A 股和 H 股股票价格差异产生了影响。微观因素主要包括需求差异、流动性差异、信息不对称差异、风险差异以及市场条件差异，在宏观因素方面，人民币汇率的变动和国内国币供给的变动，都是重要的影响因素。Cai、McGuinness 和 Zhang（2011）使用非线性马尔科夫误差修正模型对 A 股和 H 股股票价格之间的长期和短期变动关系进行分析，他们认为中国重大的政策变动和改革有利于两地股票市场的价格发现。国内方面，刘昕（2004）对 A + H 双重上市公司股票价格差异的根源进行了分析，认为需求弹性差异可以用来解释 A 股股票相对于 H 股股票的溢价。境内投资者的投资选择机会相对较少，即境内的投资者可选择的投资品较少，进而导致 A 股股票价格高于 H 股股票价格。杨娉、徐信忠和杨云红（2007）对 A 股和 H 股上市公司股票进行了分析，结果发现，对不同的上市公司而言，其 H 股股票折价的程度不同，信息不对称情况、市场需求、流动性的差异市场等都导致 H 股股票相对于 A 股股票折价。巴曙松、朱元倩等（2008）在股票分置改革基本完成的背景下对 A 股和 H 股的价格差异问题进行研究，他们指出，流动性的不同、投资理念的差异是影响 A 股和 H 股的股票价格差异的主要原因。徐寿福（2009）利用动态面板模型，对 A 股和 H 股股票价格差异的影响因素进行了分析，他指出，需求差异是导致两地股票价格产生差异的重要原因。

综上所述，关于我国 A+H 双重上市公司的相关问题，在现有研究的基础上，还有一些需要深入研究的问题——在考虑制度变迁、市场环境发生改变的前提下，A 股和 H 股与两地股票市场的联动性是怎样的；这种关系是否受到了 A 股股权分置改革的影响；股权分置改革对 A 股和 H 股产生的影响有何差异；是否影响了 A 股和 H 股的股票价格差异。

1.2　研究意义

本书在以往研究的基础上，以我国内地、香港双重上市公司为研究对象，对两地股票价格差异问题进行深入的分析。对我国双重上市公司进行研究，具有以下重要意义：

首先，在经济全球化的大格局下，金融全球化成为未来发展的趋势，我国作为发展中国家和新兴市场，对外开放的步伐从未停息，对中国双重上市公司的研究，对我国进一步开放资本市场具有重要意义。2001 年，我国加入了世界贸易组织。加入世界贸易组织，有利于我国进一步参与到国际事务中，促进国内经济的发展；有利于我国国内科学技术的发展，促进经济结构的调整和创新；有利于我国利用外资扩大出口，进一步参与到国际竞争中。2002 年 11 月，合格境外机构投资者（QFII）的管理办法出台，2003 年 7 月，QFII 正式登上历史舞台，这是中国在人民币没有实现自由兑换、资本项目尚未开放的背景下，一定程度地引进外国资本，并逐步开放资本市场的一项重要措施。通过 QFII 制度，一方面，境外投资者能够投资于我国的 A 股市场，除了投资 H 股和红筹股之外，境外投资者在我国证券市场的投资范围进一步扩大了；另一方面，A 股股票市场投资主体的多样化程度提高，这有利于建立理性投资和价值投资的投资理念和决策方式。2011 年 12 月，人民币合格境外机构投资者（RQFII）出台，标志着人民币合格境外机构投资者试点正式启动，由于 RQFII 的试点业务在香港展开，这不仅推动了人民币的国际化进程，也推动了香港金融市场的发展。香港证券市场较为成熟，监管体系也更为完善，作为国际金融中心，香港发达的证券市场有许多值得内地学习的地方，鉴于内地证券市场和香港证券市场的联系越来越紧密，研究在内地和香港证券市场同时上市的 A＋H 双重上市公司，能够更加深入地了解两地股票市场的股权结构、投资者结构以及作用机制，同时能够检验市场分割对股票价格产生的影响，对于我国进一步开放资本市场，发展和完善 A 股股票市场的融资功能并带动人民币的国际化进程，都有极其重要的意义。

其次，对中国双重上市公司的研究，可以探究内地、香港两地股票价格差异问题产生的根源，进一步完善 A 股股票市场的市场交易机制。我国证券市场呈现 A 股、B 股和 H 股同时存在的局面，A 股市场和 B 股市场的市场分割现象在 2001 年有所缓解，但 A 股和 H 股之间的价格差异一直存在，市场分割现象并没有得到改善。根据同股同权的原则，A 股和 H 股股票价格应该相近，但 A 股相对于 H 股溢价。因此，对 A＋H 双重上市公司进行研究，可以对市场分割条件下，两地股票价格差异的根源问题进行考察，进而提出缩小两地股票市场价格差异的对策建议，对于完善 A 股股票市场交易机制、健全监管机制、科学的预测风险并防范，都有重要的意义。

最后，对中国双重上市公司的研究，可以考察政策改革对股票市场产生的影响，为政策的制定提供指导，也为股票市场的发展提供方向。中国近年来进行了一系列重要的改革，如我国独有的股权分置改革，作为历史遗留问题，股权分置对我国证券市场的发展产生了重要的影响。为了将我国A股市场中不流通的股份转换为可流通股份，解决我国独有的股权分置问题，2005年4月29日国家出台了关于股权分置改革试点的通知，这一通知的出台，标志着我国开始了股权分置改革的试点阶段。2005年的9月4日，《上市公司股权分置改革管理办法》出台，这标志着困扰我国股票市场多年的股权分置改革正式展开。股权分置改革对中国股票市场产生了重大影响，在改革之后，A股股票市场不再存在不流通的股份，流通股股东和原非流通股东的权利一致，这对于股票市场的影响是巨大的，股权分置改革使A股股票市场更加成熟和完善，A股股票价格也发生了改变。在此背景下，A股和H股股票价格差异必然发生了改变，研究股票市场产生的反应能够进一步对政策提供指导，也对股票市场的发展提供方向。

1.3 研究思路和方法

本书的研究思路如下。

第一，详细阐述了国内外学者关于双重上市公司领域的研究，并在此基础上将以往的研究加以总结，对公司双重上市的动因进行说明，并对影响双重上市公司股票价格差异的影响因素进行分析。

第二，对我国证券市场的发展进行阐述，并对我国双重上市公司的发展历程进行划分和总结。

第三，阐述股权分置改革在双重上市公司股票价格差异研究中的重要性，对股权分置改革对A股和H股股票市场的影响进行深入分析，采用事件研究法，考察股权分置改革之后的首个交易日，以及第一次解禁交易日前后，两地股票市场的反应。

第四，本书对A股和H股股票收益率与内地、香港证券市场收益率之间的关系进行考察，并对比分析股权分置改革前后，此关系是否发生了改变。

第五，对双重上市公司股票价格差异的影响因素进行分析，在实证分析中，考虑了我国双重上市公司的不同发展阶段，以及股权分置改革的重要作用。

第六，根据研究结果，本书结合中国经济的特殊情况提出了相关政策建议。

本书主要的研究方法有以下三种。

第一，文献研究法。通过查阅相关资料，本书梳理并总结了公司双重上市的动因以及双重上市公司股票价格差异的影响因素，并对国内外针对双重上市公司的研究进行了总结。

第二，对比分析法。在对A股和H股股票的研究中，主要使用了对比分析的方法。例如，在分析A股和H股股票收益率与内地、香港证券市场收益率之间的联动关系时，对A股和H股股票受到两地证券市场的不同影响进行对比分析。

第三，实证分析与理论分析并用的方法。在实证分析方面，本书主要采用时间序列分析，对A股、H股以及两地证券市场收益率之间的联动关系进行分析。采用事件研究法，研究股权分置改革对A股和H股股票市场产生的影响。此外，使用面板回归模型，对影响双重上市公司股票价格差异的因素以及股权分置改革在其中的作用进行了分析。在理论分析方面，本书详细分析了双重上市公司股票价格差异的各种因素说，并阐述其作用机制。

1.4 研究的创新与特色

本书的创新点如下。

第一，本书研究的切入点较为新颖。针对双重上市公司股票价格差异的研究已有很多，但多从经典文献提到的影响因素切入分析。本书结合我国股票市场的实际情况,将股权分置改革与内地、香港两地股票价格联系起来。在股权分置改革的整个过程中,根据流通股解禁时间的不同,将股权分置改革划分为三个阶段,分阶段进行考察。此外,本书考虑了汇率变动与时间趋势变动对结果的影响,提高了研究的准确性。鉴于以往的文献仅选取股票的收盘价格进行研究,忽略了股票分立、配股、红利等产生的影响,本书选取股票的收盘价格以及考虑分红派息后的股票价格对上述问题进行对比分析,对现有研究进行了补充。

第二,本书第一次将我国双重上市公司的发展历程,纳入 A 股和 H 股股票价格差异的研究之中。我国双重上市公司的发展历程,具有其独特性和复杂性,与政府的政策和态度息息相关。本书结合恒生指数、上证综合指数以及恒生中国企业指数,将双重上市公司的发展历程划分为五个阶段,并将其纳入双重上市公司股票价格差异的研究之中,使研究更具有现实意义,也对现有的研究进行了扩展。

第三,本书采用事件研究法,对比分析了股权分置改革对 A 股和 H 股股票市场产生的影响。以往针对股权分置改革的研究,大多分析了改革对 A 股股票市场产生的影响,并没有分析对双重上市公司 H 股股票产生的影响。鉴于双重上市公司 A 股和 H 股股票紧密相关,研究股权分置改革是否同时对两地股票市场产生了影响,对于探究两地股票价格差异产生的根源,具有重要的意义。本书对 A 股和 H 股股票在股权分置改革之后的首个交易日以及限售股第一次解禁的交易日,股票市场的反应进行对比分析,拓展了现有的研究。

第 2 章

文献回顾

2.1 关于双重上市动因的文献综述

关于企业为什么要选择跨境双重上市，国外学者从很早之前便开始进行研究，随着时间的推进以及研究的深入，逐步形成了一系列比较成熟的假说。企业选择双重上市，既由外部因素决定，也受到内部因素的影响。具体而言，侧重于强调公司外部因素作用影响的假说有市场分割假说、流动性假说和投资者认知假说；侧重于公司内部因素的假说包括信号假说、融资约束假说、信息披露假说和绑定假说。下面分别对双重上市动因的各个假说进行论述。

2.1.1 市场分割假说

市场分割假说是解释企业双重上市动因的重要假说，具体而言，如果全球资本市场不存在市场分割现象，而是呈现一体化的景象，则公司的上市地点对公司价值没有任何影响（MM定理）。现实情况是，鉴于贸易投资壁垒的存在，全球资本的流动存在障碍，投资者无法通过分散投资来降低风险，由于证券收益率由证券的风险决定，高风险伴随着高收益，即对于高风险的证券，投资者将要求较高的收益率，因此公司的筹资成本较高。如果公司能够跨境双重上市，则可以跨越国际资本流动的各种障碍，如外汇管制、法律监管等限制，从而可以分散系统性风险，降低投资者的期望收益率，降低企业的资金成本。

　　Stapleton 和 Subrahmanyam（1977）最早对此问题进行了分析，他们指出，企业可以通过双重上市在一定程度上消除市场分割带来的影响，文章考察了投资者受到限制，而不能投资于某些证券的情况。结果表明，由于市场分割现象的存在，股票价格受到了影响，投资者要求较高的收益率，进而压低了股票的市场价格，与此同时，在市场分割存在的背景下，上市公司想办法为投资者的投资提供多样性。他们提出了可以降低市场分割影响的三种策略：一是公司实现双重上市，二是公司直接进行对外投资，三是公司与其他外国公司进行合并。在 Stapleton 和 Subrahmanyam（1977）的研究之后，Errunza 和 Losq（1985）、Alexander、Eun 和 Janakiramanan（1987）也对市场分割状态下的双重上市公司的投资行为进行了分析，他们认为，双重上市对投资者的预期收益率产生了影响，进而对公司的筹资成本产生作用。Errunza 和 Losq（1985）在文章中，将市场状态划分为完全分割（Segmentation）、完全整合（Integration）以及温和分割（Mild Segmentation）三种状态，他们在温和市场分割状态下建立了模型，证明国际资本市场确实存在温和分割现象，此外，他们指出，由于市场分割现象的存在，投资者只能投资本国上市公司，可选择性小，因此会要求较高的收益率，当外国的公司在本国证券市场上市（双重上市）时，投资者可以通过投资不同的上市公司达到分散风险的目的，投资者要求的回报率也会降低，进而降低公司的筹资成本。Alexander、Eun 和 Janakiramanan（1987）通过模型假定，本国允许国内企业发行的证券在本国和境外证券市场上市，但不允许境外企业的股票在本国证券市场上市。结果表明，进行双重上市公司的股票收益率，与没有进行双重上市的公司的收益率是不一致的，企业进行双重上市之后，该证券的风险，由国内和国外投资者共同承担。Foerster 和 Karolyi（1998）对加拿大企业在美国跨境上市的情况进行考察，他们发现，加拿大的企业在美国上市后，交易成本明显降低。此外，他们还指出，交易成本降低的情况主要发生在企业双重上市之后，公司股票交易总量转移到美国证券交易所的加拿大公司,对于双重上市后,主要股票交易量仍然集中在加拿大证券交易所的公司而言,交易成本并没有发生明显的改变。Miller(1999)认为,由于直接壁垒(如投资者限制)或者间接壁垒(如信息不透明、会计制度不一致)的存在,造成了股票交易的市场分割现象。文章从两个方面对双重上市进行考察,首先,从企业双重上市对公司价值产生的影响的角度进行分析,结果表明,在公司双重上市的首日公司的超额收益率增加,这表明上市公司受益于跨境上市;其次,文章对造成市场分割的因素,如资金不流动、投资者认知等对股票价格造成的影响进行考察,结果表明,在美国主要的证券交易市场上市的股票,如在纽约证券交易所以及纳斯达克证券交易所上市的股票有更高的超额收益率,在私募市场,股票的超额收益率相对较小。这表明,流动性风险以及投资者的低认知度等间接壁垒,确实是市场分割的重要原因。该文章认为,双重上市可以减缓市场分割带来的不利影响,公司双重上市之后,股票价格上升,公司资金成本下降。

2.1.2 流动性假说

流动性假说认为,公司在双重上市之后,流动性显著提高。当证券流动性较低时,投资者面临较高的流动性风险,因而要求较高的收益率,公司的资本成本随之升高。企业完成跨境双重上市之后,流动性提高,投资者要求的流动性风险补偿降低,交易成本降低,预期收益率也降低,进而企业的资本成本降低。正是由于资本成本降低,企业倾向于跨境双重上市。

Amihud 和 Mendelson(1986)以纽约证券交易所 1961 年至 1980 年的年度数据为研究对象,他们认为,股票的流动性较差并且不好周转,投资者会要求较高的回报率,以弥补流动性风险,提高上市公司股票的流动性,可以提高股票的质量,降低公司的资本成本,进而提高公司价值。文章指出，跨境上市是企业提高流动性的一种有效策略。Kyle（1985）以及 Admati 和 Pfleiderer（1988）将市场交易者划分为两种类型，即知情交易者（Informed Trader）和流动交易者（Liquid Trader），他们提出，市场交易存在的最大问题是信息不对称，两类交易者根据不同的信息进行交易。Chowdhry 和 Nanda（1991）对 Kyle（1985）以及 Admati 和 Pfleiderer（1988）的研究进行了扩展，建立了一个多重市场的交易模型，并对企业双重上市提高公司股票流动性的原理进行了说明。文章认为，双重上市可以在无形中提高股票市场的流动性，降低企业的资本成本。Noronha、Sarin 和 Saudagaran（1996）对在伦敦证券交易所和东京证券交易所双重上市的 126 家美国公司进行考察。他们发现，表示流动性高低的指标（股票价差）并没有缩小，即流动性并没有显著增强，但是另一种衡量流动性的指标报价深度有明显的加深，但他们也指出，在对交易量、波动性等变量进行控制之后，报价深度也没有显著的加深。因此，文章认为公司在双重上市之后，市场的流动性并没有显著增强，但股票的交易量以及信息量都有所增加，还是在一定程度上提高了股票市场的效率。Domowitz、Glen 和 Madhavan（1998）以墨西哥股票市场为研究对象，建立了一个理论模型，对双重上市对本国股票市场产生的影响进行考察，文章的重点在于研究信息传递在其中的作用。他们指出，当一个公司关于股票价格的信息完全透明时，公司双重上市可以吸引更多的投资者，投资者的增多能够缩小股票价格差异，进一步提高信息的透明度，并提高境内境外两个市场的流动性；当股票市场的信息不透明时，公司双重上市会降低市场的流动性，并且加剧股票价格的波动性，进而降低国内股票市场的质量。因此，文章认为，双重上市对本国股票市场产生怎样的影响，依赖于国内市场的信息透明程度，信息透明度越高，公司双重上市越能增加股票市场的流动性。Foerster 和 Karolyi（1993）对在美国跨境上市的加拿大公司进行研究。他们指出，尽管美国和加拿大在文化传统、交易环境等方面非常相似，但仍然存在一定程度的市场分割现象。文章指出，企业双重上市之后，股票市场的流动性增加，对加拿大公司而言，不论在加拿大的交易量，还是在美国证券市场的交易量，都有所增加。此外，企业的双重上市对不同行业产生的影响存在差异，双重上市之后，能源行业的股票收益率有所下降，非能源行业的公司，在双重上市之前超额收益率为 20%，双重上市之后下降为 13%。Foerster 和 Karolyi（1998）指出，加拿大的企业在美国上市后，国内股票市场的股票价差（Bid – Ask Spreads）明显缩小，股票市场的流动性显著提高。Foerster 和 Karolyi（1999）对在美国证券交易所上市的、来自 11 个国家的 153 个公司进行了研究。结果发现，外国公司在美国证券交易所上市，扩大了股东基数，获得了更高的流动性，使得股票的收益率发生了改变，流动性的提高使得上市公司的资本成本降低，公司价值提高。Mittoo（2003）以在美国上市的加拿大公司为分析对象，他们指出，对于在美国上市的加拿大公司而言，在双重上市前后，其短期业绩和长期业绩的变动存在差异。短期来看，股票的流动性增强，但随着时间的推移，流动性逐渐降低，并且对在 1990 年之后上市的公司与在 1990 年之前上市的公司进行对比，流动性发生了更为明显的下降；长期来看，上市公司的业绩在 1990 年前后很相似，没有发生明显差异。加拿大公司在美国上市前一年，业绩高于加拿大公司平均水平（用市场指数衡量）的 30% 到 40%，但在美国上市三年后，业绩下降为比加拿大平均水平还要低 13% 至 30%。因此，短期市场的流动性的变动是影响短期超额收益率的重要因素，但长期业绩被行业等很多其他因素共同作用和影响。

2.1.3　投资者认知假说

投资者认知假说由 Merton 于 1987 年提出，他放松了传统 CAPM 模型中关于投资者拥有相同信息的假设，该假说认为，市场分割现象的存在，导致了一系列后果，投资者对不同的证券，拥有的信息存在差异，因此，投资者会选择投资自己了解的证券。如果上市公司能够提高信息透明度，提高投资者对上市公司的认知度，则能够降低投资者对上市公司的期望收益率，期望收益率的降低，可以降低上市公司的筹资成本，从而增加公司的市场价值。他指出，提高投资者对公司的认知度可以采用境外上市的方式：首先，境外上市可以增加上市公司的投资者基础，即通过跨境上市，上市公司可以吸引更多的投资者；其次，欠发达国家的公司在发达国家的证券市场上市，可以获得更多关注，上市公司的信息也更容易被投资者获取；最后，由于发达证券市场对信息披露方面的要求更为严格，因此，境外上市的公司将按照规定披露更多的公司信息。

Kadlec 和 Mcconnell（1994）对 Merton（1987）提出的投资者认知假说以及 Amihud 和 Mendelson（1986）提出的流动性假说同时进行验证。他们对 273 家在纽约证券交易所挂牌上市的 OTC 公司进行研究。结果表明，股票的超额收益率在跨境上市日达到 5% 至 6%，记名股东数量平均增加了 19%，机构股东数量平均增加了 27%，绝对股票价差缩小了 5% 左右，相对股票价差缩小了 7%。本书认为，公司在纽约证券交易所跨境上市后，上市公司的股东基数增加，投资者认知度提高，流动性也增加，进而导致了股票价格的上升。Foerster 和 Karolyi（1999）对 Merton（1987）的研究进行了扩展，他们对来自 11 个国家的 153 家在美国上市的公司进行分析。结果表明，外国公司在美国证券交易所跨境上市，能够扩大股东基数，获得更高的流动性，进而降低公司的资本成本，从而验证了投资者认知假说。Baker、Nofsinger 和 Weaver（2002）对在美国纽约证券交易所和英国伦敦证券交易所上市的境外股票进行研究，他们使用分析师数量和媒体关注度（在纽约证券交易所或伦敦证券交易所上市前后，以华尔街日报或者金融时报的引文数量作为媒体关注度的衡量指标）作为投资者认知的替代变量。结果表明，境外公司在以上两个证券交易所上市之后，受到更多的分析师和媒体关注，并且在纽约证券交易所上市的公司比在伦敦证券交易所上市的公司具有更高的知名度。知名度的提高使上市公司资本成本降低，在两个证券交易所上市的公司，在跨境上市之前的超额收益率均为负，在跨境上市后，超额收益率均为正。本书的研究与 Merton（1987）的研究结论一致，从而验证了投资者认知假说。Lang、Lins 和 Miller（2003）以 28 个国家的 4452 家上市公司为研究对象，其中，有 235 家上市公司在美国证券市场发行 ADR。他们指出，与没有选择双重上市的公司相比，公司在美国证券交易市场上市之后，关注该上市公司的分析师数量上升，不仅如此，随之提高的还有分析师对公司股票预测的准确性。由于双重上市，公司的信息环境不断改善，资金成本降低，公司的价值得到进一步提高。此外，上市公司的价值与分析师的分析覆盖面以及分析的准确度存在正相关关系。本书对 Merton（1987）年的投资者认知假说进行扩展，他们指出，公司知名度的提高能够得到投资者的认同，进而降低资金成本，同时提升上市公司的价值。King 和 Segal（2009）的研究发现，加拿大双重上市公司的公司价值，随着美国投资者数量的增加而增加，同时，随着美国投资者在投资者中所占比例的提高而提高。能够成功扩大投资者基数的公司，可以获得更大的收益；另外，无法增加或维持投资者数量的双重上市公司，与没有进行双重上市的本国公司相比，没有明显差异，这与 Foerster 和 Karolyi（1999）以及 Baker、Nofsinger 和 Weaver（2002）的研究结果是一致的。他们还指出，投资者认知度是持续的，当一个公司吸引并保持较高数量的投资者时，公司价值能够获得持续的增长。此外，为了区分投资者认知度假说和绑定假说在公司价值中所起的作用，他们对加拿大双重上市公司中，发行两种类型（Dual class）证券和一种类型（Single class）证券的公司进行对比分析，结果表明，发行两种类型证券的上市公司能够持续提升公司价值和投资者的认知度，无论公司是否能够扩大股东基数；发行一种类型证券的公司则需要吸引并保持一定的投资者数量，才能提高公司价值，与 Doidge、Karolyi 和 Stulz（2004）的研究结论一致。

2.1.4 信号假说

Cantale（1996）提出了信号假说，信号假说以信息不对称为背景，将双重上市公司的信息披露程度与公司价值之间的关系联系起来，并在此基础上建立了信号模型。本书认为，当公司在境外跨境上市时，由于境外证券市场较为发达、监管体系更为严格，因此，跨境上市这一行为可以向投资者传递一种信号，即公司的管理层对于公司未来的发展和盈利水平充满信心，从而能够提高投资者对上市公司的预期，增强投资者对上市公司的信心。本书还指出，公司的市场表现和股票价格，与证券市场要求上市公司披露信息的程度有很大关系，证券市场的监管体系越严格，上市公司向投资者传递的信号越好，市场和投资者对该上市公司的评价越高，公司的发展潜力越大，股票价格也会随之上升，企业价值得以提升。Fuerst（1998）在 Cantale（1996）研究的基础上，改进了信号模型，文章指出，当证券市场的监管环境存在差异时，管理者会选择让公司在监管严格的证券市场上市，因为这能够向市场传递公司对未来前景充满信心的信号。文章同时指出，在监管严格的证券市场多付出的成本，可以通过股票上升的价格加以弥补。Miller（1999）指出，利用私募市场进行筹资的上市公司，在双重上市的前后三个工作日，平均超额收益率为 -1.09%，而在美国主要的证券交易市场，如纽约证券交易所，以及纳斯达克证券交易所上市的公司，在同一时间内的超额收益率为 3.23%，高于在私募市场上市的公司。此外，在对具有融资功能的证券（Level III）与不具有融资功能的证券（Level II）进行对比时发现，在双重上市前后三个工作日的研究区间内，具有融资功能的证券，其超额收益率是 3.23%，不具有融资功能的证券超额收益率是 1.83%。鉴于具有融资功能的股票，证券交易所对其资质的审核更为严格，这向投资者传递了股票资质良好的信号。本书也支持了信号假说。King 和 Segal 和（2003）指出，一个国家的监管环境如果较差，将对国家 GDP 的增长以及其证券市场的价值产生影响，相对于美国，其他国家的监管环境较差，这可以在一定程度上解释上市公司在美国证券交易市场上市的原因。他们对加拿大公司在美国上市的情况进行了研究，结果表明，只在加拿大上市的公司，其股票价格相对于在加拿大和美国双重上市的公司折价，在加入一系列控制变量之后，结果并没有发生改变。他们认为，监管环境越好，监管制度越严格，上市公司的价值越高，在监管严格的证券市场上市，可以给市场传递公司发展前景良好的信号。

2.1.5 融资约束假说

融资约束假说认为，公司可以通过双重上市减少其在国内受到的融资限制，从而增加公司外部融资的机会。Mittoo（1992）通过调查问卷的形式，对上市公司选择双重上市的原因进行考察，他们指出，通过问卷的形式，可以深入了解一些缺少数据的研究领域。在有关双重上市潜在利益的问题中，有38.7%的公司认为进入境外资本市场能够增加公司的融资机会，这也是调查问卷中被63家上市公司认可最多的答案。Foerster和Karolyi（1999）对在美国证券交易所跨境上市的153个公司进行分析，他们指出，股票的超额收益率与公司的市值、上市地点以及公司的融资比例有很大的关系，跨境上市增加了公司在境外股票市场的融资额，获得了更多的外部融资机会。Yamori和Baba（2001）以2230家日本双重上市公司为研究对象，采用调查问卷的方式，对日本上市公司的管理者进行调查，结果表明，境外证券市场监管严格是上市公司管理层最担心的问题。另外，与Mittoo（1992）的研究类似，筹集资本的降低及上市公司的融资机会的增加也是日本公司选择双重上市的重要原因。Pagano、Roell和Zechner（2002）指出，越来越多的欧洲公司选择在美国证券交易所上市，原因在于，美国证券交易所上市的成本较低，会计准则也更为严格，通过双重上市，企业可以跨境筹集资本，这对于急需筹集资本的公司及国内证券市场有融资约束的公司来说非常重要。

2.1.6 信息披露假说

信息披露假说认为，如果一个市场拥有完善的信息披露制度，交易和会计准则也更为严格和规范，则证券交易的过程将更加有效率。一方面，上市公司需要规范自己的行为，提高自身的信息披露质量，减少内幕交易的发生；另一方面，信息披露范围的扩大，能够降低信息不对称的程度，减少因为信息缺失而增加的交易成本，从而降低投资者的期望收益率，提高公司价值。因此，信息披露程度是影响上市公司价值的一个重要因素。Huddart、Hughes 和 Brunnermeier（1999）在 Kyle（1985）模型的基础上，建立了一个理性预期模型，模型假定证券市场中存在内幕交易者和流动交易者，研究结果表明，内幕交易者会放弃自己的信息优势致使自己的上市公司选择信息披露标准更严格的证券交易所上市，这样做的目的在于最大程度扩大股票交易量提高股票的流动性。尽管上市公司在信息披露要求很低的证券交易所上市容易，但上市公司还是选择在信息披露标准严格的证券交易所上市，因为上市公司从股票交易量增大、筹资成本降低获得的益处更多。Pagano、Roell 和 Zechner（2002）指出，公司选择双重上市的其中一个原因是减少信息不对称导致的信息缺失，证券市场所处的地理位置是公司双重上市的影响因素，例如：美国作为发达国家，高新技术方面的分析师数量很多，对于高新技术企业而言，在美国证券市场上市，会得到更多分析专家的关注，从而减少信息不对称的程度。在 Blass 和 Yafeh（2001）对以色列和荷兰的研究中，也提到了高新技术产业的企业，在美国双重上市的数量不断上升。Lang 和 Lins（2003）对双重上市公司和非双重上市公司的信息环境进行比较，研究对象是来自 28 个国家的 4452 家上市公司，其中 235 家上市公司在美国证券市场发行 ADR。上市公司在美国跨境上市之后，受到更多分析研究者的关注，分析师预测的准确度也在提高，另一方面，上市公司的价值与分析师的分析覆盖面及分析的准确度存在正相关关系。上市公司在双重上市之后，公司的信息环境不断改善，公司价值不断提高。本书指出，双重上市公司具有更好的信息环境。

2.1.7 绑定假说

绑定假说认为，受到国家法律体系的影响，发达国家的证券交易所具有更为严格的法律体系和监管体系，能够为市场投资者提供较为完善的法律保护。双重上市公司跨境上市，在境外证券市场严格的法律监管下，需要严格遵守证券市场的上市规则，信息披露责任更重，上市公司在这些规则的约束下，能够不断改善公司的治理结构、提高对中小股东的保护力度，从而获得更多外部融资的机会，吸引市场投资者，进而增加上市公司的价值。

La Porta、Lopez-De-Silanes、Shleifer 和 Vishny（1997）在文中指出，如果一个国家的法律体系不健全或者法律规定不能很好地执行，则证券市场相对不发达，规模也较小，原因在于，一个好的法律环境能够保护投资者的利益，从而扩大融资规模。他们还指出，相比于英美法系的国家，另一种类型的国家——大陆法系国家的证券市场更为不发达。本书认为，好的法律体系能够提高证券市场的效率，赢得投资者的信任，从而扩大证券市场的规模。Coffee（1999，2002）从法律的角度，对上市公司在境外上市的情况进行分析，他指出，对于双重上市公司而言，境外证券市场与本国证券市场相比，有更为完善的法律体系、更严格的会计准则制度、更高的信息披露要求，能够更好地保护投资者的权益。通过境外上市，上市公司将受制于发达证券市场法律体系和信息披露等方面的约束，赢得更高的声誉和投资者的信任，进而获得更多融资资金。Reese 和 Weisbach（2001）指出，上市公司的外部筹资能力，在法律体系更为严格的国家更强。在 Coffee（1999）、Stulz（1999）研究的基础上，他们对上市公司的双重上市决策和投资者保护之间的关系进行分析。结果表明，如果一个国家对投资者的保护措施薄弱，则该国家的公司更倾向于跨境上市，此外，他们还发现，英美法系（法律体系对投资者的保护的较强）国家的上市公司倾向于在美国跨境上市，原因在于，上市公司可以在美国证券市场吸引更多的投资者，进而增加融资机会，而大陆法系（法律体系对投资者的保护的较弱）国家的上市公司则倾向于在美国之外的国家跨境上市。Doidge、Karolyi 和 Stulz（2004）进一步对公司双重上市和公司价值之间的关系进行探究。他们指出，对于公司的控股股东而言，跨境上市可以降低公司的资本成本，增加公司的融资机会，但同时会对控股股东的私利造成影响，使其遭受一定的损失。他们认为，在美国证券市场上市，能够减少上市公司的内幕交易，改善公司的治理结构，使上市公司获得更多融资机会。如果一个国家对投资者的保护程度较弱，则该国家的公司在美国跨境上市后，获得的筹资机会更多，公司价值也更大。此外，他们还指出，在大型证券交易所进行交易，获得的溢价高于在私募市场获得的溢价。

在国内方面，田利辉（2006）以中银香港为例，对其重组、上市以及上市之后的绩效表现进行分析，他指出，海外上市改善了中银香港的管理机制，提高了企业绩效和竞争力。王化成、李志杰、孙健（2008）从财务管理的角度对企业境外上市问题进行研究，他们指出，境外上市能够改善企业的治理机制，治理机制的优化可以增加公司的价值。潘越、戴亦一（2008）对 A 股和 H 股双重上市公司进行研究，研究结果显示，在返回 A 股股票市场之前，H 股上市公司存在较为严重的融资约束，双重上市之后，公司的融资约束得到放松。潘越、戴亦一（2010）对此问题再次进行研究，他们指出，双重上市为上市公司带来了巨大的融资效应，成为 H 股上市公司回归 A 股股票市场的主要动因。沈红波、廖冠民、廖理（2009）考察了公司境外上市与公司盈余质量之间的关系。他们选择 1998 年至 2004 年 A 股、B 股以及 H 股上市公司为样本，结果表明，对于同一家公司而言，其 H 股和（或）B 股上市公司的盈余报告质量高于 A 股，文章支持了绑定假说。杨长虹、彭丁（2013）对香港联合交易所 99 家 H 股上市公司进行研究，他们指出，控股股东支持上市公司在法律环境更好、监管更严格的交易市场跨境上市，是出于治理动机，可以提高公司业绩。

2.2　关于双重上市公司股票价格差异的文献综述

关于双重上市公司股票价格差异产生的原因，国内外学者都进行了深入的研究，形成了较为统一的结论。这些因素从不同角度对上市公司的股票价格产生了影响，导致双重上市公司两地股票价格产生差异。具体而言，双重上市公司在两个证券市场中的需求弹性差异、流动性差异、信息环境差异以及风险差异，导致了股票价格的差异。下面分别对这些影响因素进行详细的阐述。

2.2.1　需求弹性差异

需求的价格弹性是指需求量对价格变动的反应。需求的价格弹性受到很多因素的影响，其中，替代品的数量和相似程度是影响需求价格弹性的重要因素，如果一种商品有很多相似的替代品，则这种商品的需求价格弹性较大。对证券市场而言，如果投资者的投资渠道和可以投资的股票品种较少，则该股票的替代品较少，投资者会愿意付出较高的价格购买该股票，进而推升股票价格。需求价格弹性的差异，还可以被垄断行业利用，进而导致股票价格产生差异。具体而言，垄断厂商可以通过价格歧视，对不同的消费者制定不同的价格水平并获取垄断利润，对于需求价格弹性较大的消费者，收取较低的价格，对需要价格弹性较小的消费者，收取较高的价格（三级价格歧视）。在证券市场中，上市公司可以对不同类型的投资者实行不同的价格歧视，例如，对于境内境外投资者而言，在购买相同的股票时，由于所受限制以及所缴纳的税率等方面的差异，导致投资者的需求价格弹性存在差异，价格歧视便产生了，同一只股票的价格

中国双重上市公司股票价格差异研究

差异也产生了。

很多国外学者在研究中强调了需求差异因素在双重上市公司股票价格差异中的重要作用。例如，Bailey 和 Jagtiani（1994）对泰国股票市场进行研究，文章以主板（Main Board）和外国板（Alien Board）的股票为研究对象，对两类股票存在的价格差异问题进行分析。文章指出，如果境外投资者在自己的投资组合中，持有较高比例的泰国上市公司发行的股票，且该股票允许境外投资者持有的比例较小时，该股票的供给相对稀缺，外国板中该股票的价格较高，外国板的股票相对于主板股票溢价。Stulz 和 Wasserfanen（1995）率先阐述了以需求弹性理论为核心的理论模型，文章使用瑞士证券交易所上市的雀巢公司的股票交易数据对理论模型进行验证。文章假定由于税收、政治风险、交易费用等方面存在差异，境内投资者和境外投资者的需求函数不一致，上市公司在实现企业价值最大化的过程中，可以对境内投资者和境外投资者实行价格歧视。文章解释了在存在本土偏好及资本外流情况下，外资股相对于国内股票溢价的原因，境外投资者对本国证券存在本土偏好使境外投资者的需求价格弹性小于境内投资者；境外投资者持有证券的损失成本高于持有自己国内证券的成本，在资本外逃时，会支付更高的价格持有证券以避免损失，以上原因导致外资股相对于国内股票溢价。Domowitz、Glen 和 Madhavan（1997）对墨西哥股票价格差异和市场分割之间的关系进行了分析，在墨西哥证券市场中，对国内投资者和国外投资者以及对国内个人投资者和国内机构投资者而言，存在多种级别的证券。其中，有限制的证券仅对特定的个人和群体开放；无限制的证券对所有投资者开放，不分国籍。为了研究有限制的股票和无限制的股票之间存在的股票溢价问题，本书引入了两种理论模型进行对比分析：流动性模型和需求差异模型。流动性模型从交易成本的角度出发，由于无限制股票的成本较低，期望收益率也较低，股票价格较高，因此无限制的股票相对于有限制的股票溢价；需求差异模型指出，无限制的股票具有相对稀缺性，相对稀缺性使其价格相对于有限制的股票溢价。文章运用面板数据对上述两个模型进行检验,实证结果支持了需求差异模型,即无限制股票的相对稀缺性,使国外投资者对本国股票的估价较高,并导致无限制股票相对于有限制股票溢价,本书支持了 Stulz 和 Wasserfanen（1995）的观点。Bailey、Chung 和 Kang（1999）运用 1988 年 1 月至 1996 年 2 月的月度数据,对 11 个国家（包括发达国家以及发展中国家）股票市场的股票溢价问题进行了分析。文章指出,由于外国投资者对无限制股票的需求,导致了无限制股票相对于有限制股票溢价。他们同时指出,市场流动性、公司规模等因素,也与无限制股票的溢价有密切的关系。

除了上述研究之外,还有很多文献考察了中国的股票市场,例如,Sun 和 Tong（2000）考察了中国股票市场中的 A 股和 B 股,对 A 股相对于 B 股溢价的情况进行了分析。在中国股票市场,A 股股票仅对国内投资者开放,B 股股票仅对国外投资者开放。与其他国家的情况不同,在中国,B 股股票相对于 A 股股票折价。他们指出,香港股票市场中的 H 股股票以及红筹股,使 B 股股票存在很好的替代品。H 股股票和红筹股的数量越多,B 股的可替代品越多,相对于 A 股股票的折价程度也越大。本书支持了 Stulz 和 Wasserfanen（1995）的结论：H 股和红筹股是 B 股的很好的替代品,这使得 B 股的需求弹性很大,并造成了 B 股相对于 A 股折价。此外,债券的供给和流动性,以及货币风险等因素,也可以部分解释 B 股折价的原因。文章在最后指出,国外的投资者对一些宏观经济因素,如汇率的变动也很敏感,当通货膨胀严重时,中国的官方储备恶化,B 股股票相对于 A 股股票的折价程度也越大。Fernald 和 Rogers（2002）也以中国股票市场中的 A 股和 B 股为研究对象,他们指出,A 股股票相对于 B 股股票溢价的原因在于,A 股股票的投资者投资渠道和投资工具有限,因此,境内投资者愿意付出较高的价格购买 A 股。此外,通过对中国上市公司面板数据的分析,文章还指出,相对于国内投资者,国外投资者对于小规模的公司以及国有股占比相对较大的公司出价较低,但这个相对较低的价格仅是相对国内投资者的出价而言。总体而言,无论是国内投资者,还是国外投资者，都对小规模、低风险、以出口为导向、股利分配较高，以及国有股所占比重较大的上市公司股票出价较高。Chan 和 Kwok（2005）同时考察了中国股票市场中 A＋B 以及 A＋H 双重上市公司，运用 1991 年 1 月至 2000 年 12 月的日度数据，他们指出，在中国，境内投资者只能投资于 A 股股票市场，国外投资者可以投资 B 股以及 H 股股票，由于国内投资者的投资品种匮乏、可选择性小，A 股的供给相对缺乏，形成对 B 股和 H 股的溢价，结果表明，A 股股票的供给越多，A 股和 B 股以及 A 股和 H 股之间的价格差异越小。Lee、Rui 和 Wu（2008）从一个新的角度对中国股票市场进行研究，文章以 2001 年中国证监会放开 B 股股票市场禁止国内投资者购买为研究背景。他们指出，在此规定出台之后，B 股股票的价格上升，B 股股票相对于 A 股股票的折价率下降，同时，H 股股票相对于 A 股股票的折价情况，并没有发生较大的改变。他们认为，上述结果可以说明，市场分割是影响股票价格存在差异的重要原因。他们同时指出，B 股股票相对于 A 股股票的折价率与相对供给量正相关，与相对风险负相关，B 股股票的风险越大，流动性越低，A 股股票和 B 股股票的价格差异越大。

国内学者也在研究中强调了需求差异在双重上市公司股票价格差异中的重要性。刘昕（2004）对 A 股股票和 H 股股票价格差异的根源进行了分析，他认为，需求弹性差异可以用来解释 A 股股票相对于 H 股股票的溢价。境内投资者投资选择的机会相对较少，进而 A 股股票的需求弹性较小，因此导致 A 股股票相对于 H 股股票的溢价。巴曙松、朱元倩和顾媞（2008）在对 A 股和 H 股股票的研究中，考虑了股票分置改革，并在改革基本完成的背景下进行了研究。结果表明，传统的影响因素都是导致 H 股相对于 A 股折价的主要因素。股权分置改革之后，由于两地市场流动性存在差异，投资理念也存在差异，使 A 股和 H 股股票价格差异仍然继续存在。徐寿福（2009）利用动态面板模型，对 A 股和 H 股股票价格差异的影响因素进行了分析，并对股权分置改革之后 QDII、港股直通车等政策产生的影响进行考察。结果表明，需求差异以及流动性差异，能够对我国 A 股和 H 股股票价格差异问题进行解释，国内居民由于缺乏投资渠道对 A 股股票的需求弹性很小，使得需求差异成为导致两地股票价格差异的重要原因。

2.2.2 流动性差异

流动性，是指一种资产（如股票）转化为现金所花费的时间和付出的成本。持有流动性较差的股票会因为不能及时变现而遭受损失，因此，对于流动性较差的股票，投资者会要求较高的收益率，因此定价较低。对于双重上市公司而言，由于不同证券市场在交易方法、监管要求等方面存在差异，相同的股票在不同的证券市场的流动性存在差异，流动性的差异导致股票价格产生差异。对于我国证券市场而言，境内投资者可以选取的投资品种较少，A 股股票的流动性相对较强。相比之下，H 股股票只是境外投资者众多投资产品中的一种，流动性相对较弱。为了补偿由于流动性不足带来的额外成本，H 股股票的定价相对较低。

很多国外学者在研究双重上市公司股票价格差异问题时，强调了流动性差异的重要作用。例如，Amihud 和 Mendelson（1986）运用纽约证券交易所 1961—1980 年的年度数据，对股票收益率与股票价差（bid-ask spread）之间的关系进行研究。文章指出，对于流动性较差的股票，投资者会要求更高的期望收益率，股票价格会相对较低，因而上市公司的资本成本升高。提高股票的流动性，进而增加公司价值，是公司的重要战略选择，他们认为，股票上市（相比于非公开配售股票）、降低负债、跨境上市、增加信息透明度等，都可以提高股票的流动性。Silber（1991）也对股票的流动性问题进行研究，文章对同一家上市公司发行的有限制股票和无限制股票进行比较分析，其中，有限制股票要求持有期至少为两年，无限制股票则没有任何要求。结果发现，对于流动性较差的有限制股票，其相对于流动性较好的无限制股票，折价率为 30%～35%。Bailey 和 Jagtiani

（1994）则对泰国分割的股票市场进行研究。文章使用衡量流动性的相对指标和绝对指标，对泰国股票市场中主板和外国板的股票进行横截面分析，得到了一致的结论：在外国板上市的公司，股票的流动性越高，其相对于主板股票价格的溢价程度越高。Longstaff（1995）利用模型对股票价格变动与股票流动性之间的关系进行分析。文章指出，股票流动性对股票价格的影响，与股票当前的价格以及股票价格的波动性正相关，通过变动限售期和股票价格的波动性，本书得到了折价的上限。结果表明，当股票处于禁售期等不可流通的时期时，即使禁售期的时间很短，股票价格也会受到很大影响。股票的波动性越大、禁售期越长，股票价格受到的影响越大。Gardiol、Gibson 和 Tuchschmid（1997）从流动性和公司控制权的角度对不同类型股票价格的溢价问题进行了研究。在瑞士股票市场中，有不记名股票（B-Share）和记名股票（R-Share）两种类型，与不记名股票相比，尽管记名股票有投票权，但其流动性相对较差。文章对两类股票之间存在的价格差异进行研究，结果表明，流动性越差（即不记名股票的比例越小），不记名股票相对记名股票的溢价越高。Datar、Naik 和 Radcliffe（1998）使用换手率（交易量与流通股之比）作为衡量股票流动性的替代变量，对 1962 年 7 月至 1991 年 12 月纽约证券交易所所有非金融企业的月度股票收益率数据进行分析。结果表明，股票的流动性对股票收益率有显著的影响，股票的换手率越低，股票的收益率越高。平均而言，当股票的换手率降低 1% 时，股票的月收益率上升 4.5 个基点。他们同时指出，在对公司规模、净市值等变量进行控制之后，不影响上述结论，此外，对月份进行控制以及进行分段研究时，结论也不发生改变。Foerster 和 Karolyi（1999）对 1976—1992 年期间在美国上市的、来自 11 个国家的 153 家公司进行了研究。文章指出，外国公司在美国证券交易所上市，扩大了股东基数，获得了更高的流动性，使得股票的收益率发生了改变。此外，如果该公司在美国上市的同时正在融资，则其超额收益率降低的幅度明显缩小。

很多国外文献针对我国股票市场进行了研究,例如,Feng、Lee 和 Leung(2000)、Chen、Lee 和 Rui(2001)、Chen 和 Xiong(2001)、Mei、Scheinkman 和 Xiong(2005)均对流动性差异因素在中国股票市场 A 股和 B 股价格差异中的作用进行了分析。Poon、Firth 和 Fung(1998)、Lee、Rui 和 Wu(2008)则在特定事件发生的背景下,考察了 A 股和 B 股的价格差异问题。Wang 和 Jiang(2004)对 A + H 双重上市公司进行了研究。具体而言,Poon、Firth 和 Fung(1998)在上海国债期货市场关闭的背景下,对中国股票市场中 A 股和 B 股,股票流动性与收益率之间的关系进行研究,并对 A 股和 B 股股票市场受到的影响是否存在差异进行考察。结果表明,在上海国债期货市场关闭之后,股票市场的收益率并没有显著的变化。在流动性方面,由于投资者从国债期货市场涌入股票市场,股票市场的投资者增多,A 股股票和 B 股股票的流动性都有所增加。尽管 A 股股票市场的流动性比 B 股股票市场高,但国债期货市场关闭对两类股票的影响并没有明显差异,A 股和 B 股股票市场紧密联系在一起。文章最后指出,A 股和 B 股股票价格的差异,会随着投资壁垒的消失而逐渐消失。Feng、Lee 和 Leung(2000)也对中国 A 股和 B 股股票进行了研究。他们指出,上海证券交易所 A 股股票的风险溢价和深圳证券交易所 A 股股票的风险溢价之间的相关系数为 0.545,而两个证券市场 B 股股票风险溢价之间的相关系数为 0.858;上海证券交易所 A 股股票和 B 股股票风险溢价之间的相关系数为 0.375,深圳证券交易所两者之间的相关系数则为 0.429。此结果表明,无论在哪一个证券交易所,A 股股票和 B 股股票都存在市场分割的现象。在流动性方面,B 股股票不如 A 股股票的流动性强,在以成交量为流动性代理变量的实证分析中,他们验证了 B 股股票市场的流动性折价效应,认为流动性差异可以对中国 B 股股票相对于 A 股股票的折价现象进行解释。Chen 和 Xiong(2001)对中国股票市场中,自由流通的普通股和不可流通的法人股之间的价格差异问题进行了研究。采用拍卖方式和协议转让方式的法人股,其价格相对于普通股股票价格都有不同程度的折价。由

中国双重上市公司股票价格差异研究

于法人股的流动性较差，持有成本较高，法人股的价格相对于普通股偏低。在 Chen、Lee 和 Rui（2001）对中国 A 股和 B 股股票的研究中，也强调了股票流动性的重要性。文章指出，B 股股票相对较差的流动性，是造成 A 股和 B 股股票价格产生差异的主要原因。由于 B 股股票的流动性较差，以及交易成本较高，为了使投资者获得较高的回报率，B 股股票的定价较低。文章还指出，造成 A 股和 B 股价格差异的原因在于 A 股的定价偏高，而非 B 股的定价偏低。Wang 和 Jiang（2004）对中国 A 股市场和 H 股股票市场进行研究。他们发现，H 股收益率的变动受到两地股票市场的共同影响，但受到 H 股股票市场的影响更大。本书也验证了流动性假设，结果表明，A 股股票和 H 股股票相对流动性在很大程度上影响了股票价格的差异，H 股股票的流动性越高，其相对于 A 股股票的折价率越小。Mei、Scheinkman 和 Xiong（2005）认为，股票的价值包括两部分，未来现金流折算的基本价值，以及投机可得的投机利润。鉴于中国股票市场的 A 股和 B 股存在严格的市场分割现象（在 B 股股票市场 2001 年改革之前），同时，A 股股票禁止卖空，因此，他们认为 B 股股票价格与公司的内在价值更为接近，A 股股票与 B 股股票之间的价格差异为投机价值。实证结果显示，A 股股票换手率显著影响两者之间的价格差异，换手率越高，A 股和 B 股股票价格差异越大，在加入其他控制变量之后，结果不发生改变。此外，A 股股票的换手率，随着上市公司市值的增加而降低。Lee、Rui 和 Wu（2008）对 B 股股票市场对国内投资者开放前后的 A 股和 B 股股票进行研究，在 B 股股票市场进行改革之后，B 股股票的价格不断上升，A 股和 B 股股票之间的价格差异不断缩小。文章以 A 股和 B 股换手率的差异表示股票流动性的差异，结果表明，在 B 股股票市场改革之后，B 股股票市场的交易量增加，换手率增加，与此同时，B 股的股票价格上升，B 股股票与 A 股股票价格差异逐步缩小。

在国内方面，蒋正华（2004）以 A 股和 B 股股票市场的交易数据为样本，对 A 股和 B 股股票价格的差异问题进行研究，他指出，B 股股票相对于A股股票折价的主要原因在于，B股股票市场流动性较差，B股股票的投资者要求较高的期望收益率，用以补偿额外增加的交易成本，因而，相对于A股股票，B股股票的定价较低，相对于A股股票折价。韩德宗（2006）以16家A+H双重上市公司为研究对象，利用固定效应模型，对1998年1月至2005年12月月度数据进行分析。结果表明，造成A股和H股股票市场分割的影响因素包括上市公司的规模、股票的流动性差异等。他同时指出，QDII的推出，可以促进A股股票价格结构的调整，带给投资者A股和H股市场接轨的心理预期，进而缓解A股和H股股票的市场分割现象。徐寿福（2009）在对A股股票和H股股票价格差异的研究中指出，流动性差异能够很好地对我国A股和H股股票价格差异进行解释，他指出，股权分置改革引起的股票市场繁荣使资金大量流入，从而提高了市场的流动性，但也使两地股票价格差异进一步扩大。李大伟、朱志军和陈金贤（2004）对H股股票相对于A股股票的折价问题进行研究，他们使用相对价差、相对交易量以及相对股票换手率，作为股票市场流动性的衡量指标。他们指出，如果股票变现所需时间较长，则投资者会要求额外的补偿，因此，股票的流动性是股票价格的重要影响因素，结果表明，H股股票流动性的增加，会减少两地股票价格之间存在的差异。

2.2.3 信息不对称差异

标准的CAPM模型存在一些基本的假设，即投资者具有相同的信息且预期是一致的。信息不对称理论则认为，信息的获取是需要成本的，且不同的投资者对信息的获取和了解是不同的，这些信息获取的差异，会造成股票价格的差异。对于我国股票市场而言，相对于内地投资者，B股股票市场和H股股票市场的境外投资者，在获取我国上市公司的相关信息方面存在劣势，这主要是由于语言差异、文化差异、地域差异以及会计准则的差异等方面的原因造成的（Kaye和Cheng，1992；Sze，1993；Chakravarty、

Sarkar 和 Wu，1998）。此外，国内投资者还可以通过很多非正式的途径，获取上市公司的各种信息。因此，由于信息不对称的存在，导致境内和境外投资者对股票的认知是不同的，对股票的期望收益率也存在差异，进而导致股票价格产生差异。

很多国外文献强调了信息不对称在双重上市公司股票价格差异中的作用。Merton（1987）的研究指出，市场分割的存在导致信息不全面，为了获取信息，投资者需要付出的成本很高，资产价格发生偏离，市场异象由此产生。Bailey 和 Jagtiani（1994）在对泰国股票市场的研究中也指出，国外投资者更偏向于规模较大的上市公司，规模较大的上市公司，信息透明度更高，信息更全面。他们通过截面回归进行研究，结果发现，股票价格差异与获取信息的难易程度相关，对于国外投资者而言，规模较大的上市公司，信息更容易获取，国外投资者会支付更高的溢价。Domowitz、Glen 和 Madhavan（1997）对墨西哥股票市场中的股票价格和市场分割之间的关系进行了分析，与 Bailey 和 Jagtiani（1994）的研究结论一致，他们的文章也指出，相对于规模小的上市公司，规模大的上市公司对国外投资者的吸引力更大，鉴于规模大的上市公司可以提供更全面的信息，因此，市值越大的上市公司，其股票价格的溢价程度越高。Pan、Chan 和 Wrigtht（2001）对 1997 年亚洲金融危机期间 6 个亚洲金融市场进行研究，包括马来西亚、印度尼西亚、韩国、我国台湾、菲律宾和泰国。信息不对称假设认为，相比于国外投资者，国内投资者对国内金融市场更为了解，在金融危机期间，国内投资者会在国外投资者之前，对本国投资产生悲观情绪。但文章的结果表明，在 1997 年金融危机期间，国外投资者率先对本国投资产生悲观情绪，说明国外投资者了解的信息更多，这与 Froot、O'Connell 和 Seasholes（1998）的研究结论一致，他们认为，对于新兴市场而言，跨境资金流动的情况，能够帮助国外投资者预测股票市场收益率的波动。Nishiotis（2006）同时对发达国家和发展中国家进行研究，他指出，在美国，发展中国家与美国股票市场的分割程度比发达国家与美国股票市场的分割程度要严重，发展中国家存在较为严格的投资壁垒且市场融合的过程是渐进而缓慢的。同时，文章还指出，国外投资者对宏观经济信息的反应，比国内投资者更加敏感，国外投资者可以通过调整不同市场间的投资组合来适应经济环境的变化，而国内投资者的投资只能局限在国内市场上。

国外学者针对中国股票市场的研究也有很多，例如：Chakravarty、Sarkar 和 Wu（1998）、Chui 和 Kwok（1998）、Abdel-Khalik、Wong 和 Wu（1999）、Sjoo 和 Zhang（2000）、Gao 和 Tse（2001）以及 Yang（2003）都对信息不对称因素在 A 股和 B 股股票市场中的作用进行了分析。Lee、Rui 和 Wu（2008）、Chan 和 Yang（2008）、Karolyi、Li 和 Liao（2009）以中国 B 股市场对国内投资者开放为研究事件，对 B 股股票市场改革之后的情况进行了相关分析。Cai、McGuinness 和 Zhang（2011）则对 A 股和 H 股市场进行了考察。具体而言，Chakravarty、Sarkar 和 Wu（1998）建立了信息不对称和市场分割的模型，对中国股票市场中 A 股和 B 股进行了研究。文章指出，由于存在诸如语言障碍、不同的会计准则等方面的信息不对称（Kaye 和 Cheng，1992；Sze，1993），相对于国内投资者，国外投资者对中国股票市场的了解不全面，因此，B 股相对于 A 股股票折价。此外，深圳证券交易市场 B 股股票的平均折价率为 65.62%，而上海证券交易市场 B 股股票的平均折价率为 48.71%，部分原因在于，很多国有企业在上海证券交易市场上市，而更多的新兴企业在深圳证券交易所上市。Chui 和 Kwok（1998）指出，由于信息壁垒的存在，相对于国内投资者，国外投资者可以更快速地获得新的信息。鉴于国外投资者可以投资中国股票市场的 B 股股票，因此，B 股股票市场的变动先于 A 股股票市场。研究考察了信息传递在股票价格差异中的重要性。实证结果表明，信息是从 B 股股票流向 A 股股票，A 股股票市场的国内投资者可以根据 B 股股票市场的变动，调整自己的投资策略。Abdel-Khalik、Wong 和 Wu（1999）的研究指出，中国的 A 股和 B 股所处的信息环境存在差异。A 股股票市场的信息环境较为无序，容易受到非正常交易的干扰，此外，A 股股票市场的监督机制也不完善。与之不同的是，B股股票市场的信息环境相对规范，外部的监管机制也较为完善，政府也较少干预。他们假设A股股票价格的变动与会计利润的相关性较小，B股股票市场的股票价格与会计利润的相关性较大，在上市公司业绩普遍较差时，A股股票相对B股股票表现出溢价。但实证结果并没有证实以上观点，他们认为A股股票的内部交易、B股股票相对较少的交易量、交易价格波动性高以及其他信息渠道的差异导致了结果与假设不一致。Sjoo和Zhang（2000）考察了信息传递在中国A股和B股股票市场中的作用。由于信息壁垒的存在，国内投资者无法从国内和国外媒体发现可靠的信息，因此，国内的A股股票投资者可以根据B股股票市场的变动调整自己的投资策略。研究结果表明，在上海证券交易市场，信息由国外投资者流向国内投资者，而在深圳证券交易市场，由于其规模相对较小，流动性相对较差，短期来看，信息由国外投资者流向国内投资者，长期则由A股股票市场流向B股股票市场，文章指出，交易所的选择对于信息传递起到重要的作用。Gao和Tse（2001）运用事件研究法对中国的A股和B股进行了研究，他们发现，A股股票市场对信息的反应更加敏感，新的信息会影响股票价格的波动性和交易量。他们指出，A股股票市场存在非正式信息，投资者能够在信息公开披露之前获取。Yang（2003）与Pan、Chan和Wrigth（2001）的研究结论一致，他们运用VAR方法对中国股票市场中上海证券交易所A股、B股，深圳证券交易所A股、B股，以及H股和红筹股进行了研究。本书与Sun和Tong（2000）的研究结论不同，本书认为B股股票相对于A股股票的折价不能归结为H股股票和红筹股对B股股票的替代，而是由于持有B股股票的国外投资者，比持有国内上海、深圳证券交易所的A股股票，以及持有H股和红筹股股票的投资者获取的信息更多。Lee、Rui和Wu（2008）对2001年2月19日，B股股票市场对国内投资者开放这一事件进行研究，在B股股票市场改革之后，B股股票的价格不断上升，A股和B股之间的价格差异不断缩小，与此同时，A股和H股股票价格之间的差异并没有明显变动，这表明B股股票市场的开放对 A 股和 B 股股票的价格差异产生了重要的影响。文章对 B 股股票市场开放后，A 股和 B 股之间的信息流动进行考察，运用高频数据进行检验的结果表明，B 股股票市场改革之后，国内投资者涌入 B 股股票市场，B 股向 A 股的信息流动增强，这与改革之后，B 股股票相对于 A 股股票的折价程度降低是一致的。Chan 和 Yang（2008）采用三种不同的方法，运用微观结构模型对 76 家 A + B 双重上市公司进行分析。结果表明，不管使用何种方法，信息不对称都能在很大程度上对 B 股的折价问题进行解释。文章也对 B 股股票市场改革后，B 股股票价格上升的问题进行了说明，改革之后，国内投资者可以投资 B 股股票市场，B 股股票市场投资者的信息劣势，相对于只有国外投资者投资 B 股股票市场时减少，因此 B 股股票的折价程度降低。Karolyi、Li 和 Liao（2009）也以中国 B 股股票市场对国内投资者开放为研究事件。他们指出，规模越大的上市公司，国外投资者的信息劣势越小，B 股股票相对于 A 股股票的折价越小，信息不对称是 B 股股票折价的一个重要影响因素。Cai、McGuinness 和 Zhang（2011）使用非线性马尔科夫误差修正模型对 A 股和 H 股股票价格之间的长期和短期变动关系进行分析，他们将两地股票价格之间的关系分为 H 股相对于 A 股的长期折价趋势，A 股和 H 股股票价格短期同时变动的趋势，以及股票市场的短期误差修正部分，通过观察中国进行重要改革和发布重大政策时，A 股和 H 股股票价格之间的变动关系，文章认为，改革有利于两地股票市场的价格发现，A 股投资者和 H 股投资者之间存在的信息不对称是导致两地股票市场存在价格差异的原因之一。

在国内方面，刘昕（2004）对 H 股股票折价和信息不对称之间的关系进行定量研究，他指出，H 股股票折价的影响因素有很多，但 A 股和 H 股之间的信息不对称是导致 H 股股票相对于 A 股股票折价的关键因素。信息不对称具有方向性，A 股股票市场流向 H 股股票市场的信息并不影响两地股票价差，H 股股票市场流向 A 股股票市场的信息才是股票价格差异产生的原因。此外，其还指出，鉴于 B 股和 H 股之间不存在明显的替代关系，提高 A 股市场的信息质量,是上市公司和监管者共同努力的方向。李大伟、朱志军和陈金贤(2004)使用 1994—2003 年 28 家 A+H 双重上市公司的数据,对 H 股相对于 A 股折价的问题进行研究,他们认为,信息不对称会加大 H 股股票相对于 A 股股票的折价率,境外投资者由于存在信息劣势,会要求较高的收益率对信息劣势进行补偿,进而导致 H 股股票的相对折价。研究结果表明,信息不对称与 H 股股票的折价率正相关,即信息不对称程度越高,H 股股票相对于 A 股股票的折价程度越高。杨娉、徐信忠和杨云红(2007)利用 A 股和 H 股股票价格差异的横截面特征和原因进行了分析,结果发现,不同上市公司 H 股股票折价的程度存在很大差异。信息不对称、市场需求等因素,都是导致 H 股股票相对于 A 股股票折价的重要原因。

2.2.4 风险差异

根据资本资产定价模型(CAPM),单个证券的期望收益率,即一项资产的期望收益率,等于无风险利率与其所承担的风险溢价。根据 CAPM 模型,一项资产的风险越高,所要求的投资回报率越高。对于双重上市公司而言,同一股票在不同的证券市场上市交易,股票的风险存在差异,因而股票价格也存在差异。此外,需要指出的是,境内投资者和境外投资者所面临的投资机会存在差异,对风险的容忍度也存在差异。对我国 A 股股票和 H 股股票的投资者而言,境外投资者有较多的投资机会,可以通过改变自己的投资组合来降低风险,因此境外投资者对风险的容忍度较低,并要求较高的风险补偿,而境内投资者由于缺乏投资机会,对股票市场的风险容忍度也较高,要求的风险补偿较低,从而导致了 A 股股票价格较高,H 股股票价格较低。

国外学者很早便对风险问题进行了研究,Stulz(1981)、Errunza 和 Losq(1985)对存在投资限制的国际资本市场进行研究,他们将股票市场分为完全分割、完全整合以及温和分割三种情况，国内股票市场的股票收益率，并不受股票市场状态的影响，但国外股票市场股票的收益率，高于利用 CAPM 模型得到的结果。由于国外投资者可以通过分散投资组合来分散风险，因而获取的风险补偿相对较低。Ma（1996）对中国股票市场中的 A 股和 B 股进行了研究，文章选取了 38 家同时发行 A 股股票和 B 股股票的上市公司。研究结果表明，A 股股票和 B 股股票的价格差异主要源于投资者对风险态度存在的差异，文章同时指出，B 股股票的折价率与真实利率是不相关的。Bailey、Chung 和 Kang（1999）对 11 个存在股票市场分割的国家进行研究，文章发现，无限制的股票和有限制的股票价格之间存在很大的差异，但与其他学者的研究结论不一致的是，其认为风险因素对两类股票的价格差异影响作用不大，不能拒绝无限制股票和有限制股票被相同风险因素驱动的原假设。但文章也指出，受样本量所限，结果或存在偏倚。Zhang 和 Zhao（2004）以 43 家 A+B 上市公司为研究对象，国内投资者和国外投资者由于面临的投资机会存在差异，他们对风险的容忍度也存在差异，因而 B 股股票对 A 股股票折价。国外投资者拥有较多的投资机会，可以通过改变不同的投资组合来降低风险，因此他们对风险的容忍度较低，并要求一个较高的收益率来弥补风险；而国内投资者由于缺乏投资机会，对股票市场的风险容忍度较高。Lee、Rui 和 Wu（2008）采用衡量系统性风险的 beta 系数作为衡量风险的因素，他们指出，在中国 B 股股票市场对国内投资者开放之前，相对于 A 股股票，B 股股票具有更高的系统性风险；在改革之后，B 股的系统性风险降低，两者之间的比值由小于 1 变为大于 1，B 股股票的价格上升，B 股相对于 A 股股票价格的折价程度降低。但他们也指出，两者之间的相对风险并不能显著的解释 A 股和 B 股股票的价格差异问题。Karolyi、Li 和 Liao（2009）的研究指出，在中国 B 股股票市场对国内投资者开放之后，B 股股票的折价率在短短几个月内，由 75% 至 80% 下降至 8%。研究验证了风险因素在 B 股股票折价中的作用，他们同时强调了信息不对称因素的影响，对于规模较大的公司，股票风险较小,同时国外投资者的信息劣势也较小,因而,B 股相对于 A 股股票的折价程度也较小,两个因素在 B 股股票折价中所起的作用不易区分。

2.2.5 汇率因素

在针对双重上市公司股票价格差异的研究中,除了以上四个影响因素之外,汇率也是不可忽视的重要影响因素。Domowitz、Glen 和 Madhavan(1997)、Kim、Szakmary 和 Mathur(2000)、Wang 和 Jiang(2004)、Arquette、Brown 和 Burdekin(2008)、Fong、Wong 和 Yong(2010)、Eichler(2011)等在对不同证券市场的研究中,均验证了汇率变动对股票价格产生了影响。由于股票价格反映股票的内在价值,对于我国 A+H 双重上市公司而言,当人民币存在升值预期时,一方面,投资者会对未来上市公司的发展充满信心,进而增加对 H 股股票的投资;另一方面,为了获取人民币升值后的利润,投资者也会倾向于购买 H 股股票。因此,当人民币存在升值预期时,H 股股票价格上升,A 股股票和 H 股股票的价格差异缩小。

Domowitz、Glen 和 Madhavan(1997)对墨西哥股票市场中存在的市场分割现象进行研究,文章运用 1990 年 1 月至 1992 年 12 月的月度数据,引入表示汇率风险的变量,对有限制和无限制股票之间的价格差异问题进行分析。结果表明,预期汇率风险越大,境外投资者选择投资墨西哥证券市场的人数越少,有限制和无限制股票价格之间的差异越小。Bailey、Chan 和 Chung(2000)在以 1994 年墨西哥金融危机为背景的研究中,得到了不同的结论。他们考察在金融危机发生时,随着墨西哥比索的贬值,拉丁美洲国家在美国发行的 ADR 价格是否受到了影响,以及这些国家的国家基金价格是否受到了影响。结果表明,墨西哥比索的贬值,并没有引起投资者抛售其他拉丁美国国家的证券,在墨西哥比索贬值预期气氛浓厚的情况下,也没有引起非墨西哥证券交易方式的改变,即金融危机并没有引起投资者的恐慌。与此相对的是,国家基金受到墨西哥比索贬值预期的影响较为严重。Kim、Szakmary 和 Mathur（2000）对日本、英国、瑞典、荷兰和澳大利亚在美国证券市场上市的 ADR 进行分析。他们认为，ADR 的收益率，与母国和 ADR 相对应的证券收益率、汇率以及美国证券市场指数（标准普尔 500 指数）有关，他们使用 VAR 模型以及 SUR 模型进行检验，结果表明，母国与 ADR 相对应的证券收益率是 ADR 的收益率的重要因素，汇率也在证券收益率的变动中也起到了重要的作用，汇率的当期项以及滞后一期都对股票收益率的变动产生影响。Wang 和 Jiang（2004）对中国 A 股和 H 股股票市场进行研究，文章分别对时间序列数据和面板数据进行分析，时间序列分析的结果显示，汇率在 A 股股票和 H 股股票收益率差异的变动中，没有显著的作用；而面板数据分析得到了不一样的结论，A 股和 H 股收益率的差异与汇率的变动之间，存在正相关关系，当人民币存在贬值预期时，A 股股票和 H 股股票之间的收益率差异增大。Grammig、Melvin 和 Schlag（2005）以在美国纽约证券交易所跨境上市的德国上市公司为研究对象，对德国双重上市公司股票的价格发现问题以及两地股票价格对汇率变动产生的反应进行分析。结果表明，汇率变动对在纽约证券交易所上市的德国股票产生了显著的影响，且此影响大于汇率变动对在德国证券交易所上市的德国股票的影响。Arquette、Brown 和 Burdekin（2008）对在上海证券交易所上市的 A 股以及在香港证券交易所上市的 H 股、在美国纽约证券交易所上市的 ADR 进行研究。文章指出，汇率的变动对 A 股与 ADR 以及 A 股与 H 股股票价格之间的差异有重要的影响。当人民币存在升值预期时，投资者将投资中国的 ADR，在人民币升值之后，赚取人民币升值所得利润。因此，当人民币升值时，ADR 的折价率降低。在对 A 股股票和 H 股股票的分析中，也得到了相同的结论。其认为，在以上两种股票价格的差异中，汇率的变动可以解释将近 40% 的差异变动。Fong、Wong 和 Yong（2010）对中国 A + H 双重上市公司进行研究，他们认为，微观因素和宏观因素同时对两地股票价格差异产生了影响。宏观因素方面，人民币汇率的变动、货币供给量的变动，都是影响股票价格差异的重要因素，当人民币升值时，国外投资者对中国公司未来的发展前景看好，投资 H 股股票，使 H 股股票价格上升，进而缩小 A 股股票和 H 股股票的价格差异；当内地货币供给增多时，A 股股票的投资资金增多，提升了 A 股股票价格，进而扩大了 A 股股票和 H 股股票价格之间的差异。其认为宏观经济因素是影响股票价格差异的重要因素。Eichler（2011）对 A 股、H 股和 ADR 之间的价格差异和汇率变动的关系进行研究，他们指出，ADR 和 H 股股票相对于 A 股股票的折价，可以看作是投资者对未来美元兑人民币的预期。实证结果表明，长期来看，用 ADR 和 H 股股票的折价来预测汇率的变动，比使用随机游走或者远期汇率等经典方法要准确。

第 3 章

中国双重上市公司概述

3.1 双重上市公司的界定

双重上市（Dual-listing）是指一家公司的股票（或者衍生品）在两个不同的股票市场同时挂牌上市交易的现象。按照交易地点的不同，可以将双重上市公司分为两种类型：跨境双重上市公司、境内双重上市公司。其中，跨境双重上市公司又包含两种类型：一种是指公司不仅在本国证券交易所上市，还在其他国家或地区（如境外）的证券交易所上市，例如，在中国，一些公司在内地（A股）和香港（H股）证券交易市场同时上市，如中兴通讯（000063.SZ；00763.HK）；另一种是指公司在境外两个不同的证券交易所同时上市，如在纽约（N股）和香港（H股）证券交易所同时上市的中国人寿（NYSE：LFC；02628.HK）。境内双重上市公司，是指公司在境内多个证券交易所同时上市，如在中国的A股和B股同时上市的深纺织（200045.SZ；000045.SZ）。本书的研究对象，是第一种情形下的双重上市公司，即上市公司在内地（A股）和香港（H股）证券交易所同时上市。

公司赴境外上市，主要有两种方式：直接上市和间接上市方式。其中，直接上市是指是境内的股份有限公司，以其在国内公司的名义，向其他国家或地区的证券主管部门申请发行登记注册，并且发行股票，同时申请挂牌上市交易的情况。例如，H股（中国内地的公司在香港联合交易所发行股票上市）、N股（中国内地的公司在纽约证券交易所发行股票上市)、S股（中国内地的公司在新加坡证券交易所发行股票上市）等。间接上市是指境内的公司借助境外的公司申请上市，间接上市的主要方式，一般包括买壳上市、造壳上市等。本书的研究对象，是跨境双重上市公司，即在中国内地和香港证券市场同时上市的公司，并且采用直接上市的形式上市。

3.2 两地证券市场概述

鉴于本书的研究对象，为在内地和香港证券交易所同时上市的 A+H 双重上市公司，因此，在对 A 股和 H 股股票价格差异问题进行考察之前，下文分别对 A 股和 H 股两个证券市场进行详细的介绍。A 股市场和 H 股市场，都经历了漫长的发展过程，证券市场的规模不断扩大，市价总值和成交金额都不断增加，形成了有各自特色的证券市场，两地证券市场既有区别又有联系。

3.2.1 A 股股票市场概述

1990 年 12 月 19 日，中国批准成立上海证券交易所。一年之后的 1991 年 4 月 16 日，深圳证券交易所经国务院授权并获得人民银行批准。自此，上海、深圳两个证券交易所正式成立，这也标志着中国证券市场正式起步。A 股发行的公司必须为我国境内的公司，投资者也需要是我国境内的各个机构、组织或者个人（其中，不包括香港、澳门以及台湾的投资者），并且以人民币进行交易。A 股股票采用无纸化的电子记账方式，实行"T+1"的交割制度，这个交割制度表明，在 A 股股票市场，当日买进的股票，最早要在下一个交易日，才可以卖出交易。此外，A 股股票市场每个交易日有10%的涨跌幅限制（上市公司上市首日，不受这个限制的影响，对特别处理的上市公司的股票，则有每个交易日5%的涨跌幅限制）。目前，我国上海和深圳两个证券交易所均采用两种竞价方式：集合竞价方式以及连续竞价方式。两个证券交易所的规定略有不同，其中，上海证券交易所规定，股票交易采用竞价交易方式，在每个交易日的9:15—9:25，为证券交易所的开盘集合竞价时间，9:30—11:30以及13:00—15:00两个时间段，为证券交易所的连续竞价时间。与之相对应的，深圳证券交易所则规定，股票交易采用竞价交易方式，证券交易所开盘集合竞价的时间，为每个交易日的9:15—9:25，证券交易所连续竞价的时间，为9:30—11:30和13:00—14:57，证券交易所收盘集合竞价的时间，为14:57—15:00。对投资者而言，如果自然人以及一般机构的投资者想要在两个证券交易所开立证券账户，可以通过中国结算公司上海分公司或者深圳分公司，在全国各地的开户代理机构进行办理。

我国证券市场的法律法规体系，主要分为四个层次：第一层次是由全国人民代表大会，或者全国人民代表大会常务委员会制定的《中华人民共和国证券法》，这是证券市场的最高法律；第二层次则是由国务院制定并且颁布的行政法规以及相关的法律，如《证券公司监督管理条例》等。第三层次是证券业的监管部门制定的部门规章及规范性文件，这样的规范性文件包括《首次公开发行股票并上市管理办法》等。最后一个层次是由证券业协会、证券登记结算有限公司或者证券交易所制定的自律性文件，例如《上海证券交易所股票上市规则》《首次公开发行股票承销业务规范》等。

1991年，我国境内上市公司的数量仅仅为14家，其中，上海证券交易所境内上市公司的数量为8家，深圳证券交易所则有6家上市公司，1991年全年，我国股票（A股）的发行量，也仅有5亿股，证券市场的规模非常小。在我国证券市场发展10年之后，2001年，我国境内上市公司的总数量，达到了1160家，只发行A股股票的上市公司，有1140家，远远处于领先地位。此时，A 股股票的发行量，接近 93 亿股，筹资额也增长至 1183 亿元人民币，A 股的市价总值也达到了新高，为 42245.56 亿元人民币，证券市场已经初具了规模。2011 年，仅发行 A 股股票的上市公司数量翻了一番，有 2320 家上市公司成功发行 A 股股票。此外，此时 A 股股票的发行量和筹资额分别达到了 163.99 亿股和 5073.07 亿元人民币，A 股的流通市值和市价总值也分别达到了 163479 亿元和 213310 亿元。由此可见，中国证券市场在此 20 年前的发展是极其迅速的。截至 2015 年 12 月，在境内上市的公司数达到 2827 家（见表 3-1），其中，在上海证券交易所上市的公司有 1081 家，在深圳证券交易所上市的有 1746 家。股票总发行股本在 2015 年年末达到 43024.14 亿股，流通股本也高达 37043.37 亿股。2015 年全年，股票市价总值和流通市值，分别为 531462.70 亿元人民币和 417880.76 亿元人民币。以上数据均都表明，我国证券市场已经初具规模，成为我国经济发展中的重要一环，是不可或缺的组成部分。

表 3-1　　　　　　　A 股股票市场基本情况

指标	2011 年	2012 年	2013 年	2014 年	2015 年
境内上市公司数（A、B 股）	2342	2494	2489	2613	2827
上交所境内上市公司数（A、B 股）	931	954	953	995	1081
深交所境内上市公司数（A、B 股）	1411	1540	1536	1618	1746
境内上市外资股公司数（B 股）	108	107	106	104	101
境外上市公司数（H 股）	171	179	185	205	229
股票总发行股本（亿股）	29745.11	31833.62	33822.04	36795.10	43024.14
流通股本（亿股）	22499.86	24778.22	29997.12	32289.25	37043.37
股票市价总值（亿元）	214758.10	230357.62	239077.19	372546.96	531462.70
股票流通市值（亿元）	164921.30	181658.26	199579.54	315624.31	417880.76
股票成交量（亿股）	33958.00	32881.00	48372.68	73383.09	171039.47
股票成交金额（亿元）	421650.00	314667.41	468729.00	742385.26	2550541.31
上证综合指数（收盘）	2199.4	2269.1	2116	3234.7	3539.2
深证综合指数（收盘）	866.7	881.2	1057.7	1415.2	2308.9
上海平均市盈率（%）	13.4	12.3	11.0	16.9	18.9

续表

指标	2011年	2012年	2013年	2014年	2015年
深圳平均市盈率（%）	23.1	22.0	27.8	41.9	62.4
上海平均换手率（%）	124.8	101.6	123.6	242.0	489.6
深圳平均换手率（%）	340.5	297.9	389.1	472.0	826.3

数据来源：国家统计局（http://www.stats.gov.cn/）。

3.2.2 H股股票市场概述

香港的证券交易开始于19世纪中叶，1891年，香港经纪协会的成立标志着香港证券交易市场正式成立，此后的几十年，香港交易所不断发展，并于1914年更名为"香港经纪商会"。几年之后的1921年，香港股份商会作为第二家香港的交易所，正式注册成立。经过几十年的发展，1947年，上文提到的两家交易所，正式合并成为香港证券交易所。此后的几十年间，香港又涌现出了三家证券交易所，包括远东交易所、金银证券交易所以及九龙交易所，分别成立于1969年、1971年以及1972年。出于市场监管的需要，以上四所证券交易所于1980家合并，成立香港联合交易所有限公司。几年之后，1986年4月2日，香港联合交易所正式开始运营，采用电脑辅助交易系统进行证券买卖，彻底结束了四所证券交易所运作的局面。2000年3月6日开始，香港证券市场又进行了重大变革，香港联合交易所有限公司，即上文提到的合并的交易所，与香港期货交易所有限公司以及香港中央结算有限公司进行了合并，并且由香港交易所控股。

香港证券市场市场规模雄厚、市场经验丰富，允许异地企业在港发行。表3-2和表3-3为香港证券交易所近五年的基本概况（截至本书的研究日期，即2015年12月）。在近五年中，2011年香港证券交易所主板的上市公司数目为1326家，2015年增至1644家，新上市的公司数目也由2011年的88家增至2015年的104家，这一变化带来了主板市价总值的变化，以百万港元作为衡量单位时，2011年香港证券交易所的市价总值为

17452667.08 百万港元，2015 年升至 24425554.96 百万港元，股票市场的总成交额也由 17091116.87 百万港元升至 25835958.2 百万港元，近几年的发展速度还是很可观的。在创业板方面，2011 年创业板上市公司的数目仅为 170 家，在五年时间内，增至 222 家，2015 年香港证券市场创业板中，新上市的公司数目为 34 家，大于 2011 年的 13 家。创业板的市价总值和总成交金额方面，2011 年分别为 84589.06 百万港元和 62957.51 百万港元，2015 年这两个数字增长为 258175.74 百万港元和 254663.27 百万港元。由此可见，香港证券交易市场的主板和创业板，在近五年的发展速度都是非常迅速的。

表 3-2　　　　　香港证券交易所基本情况（主板）

指标	2011 年	2012 年	2013 年	2014 年	2015 年
上市公司数目（家）	1326	1368	1451	1548	1644
新上市公司数目（家）	88	52	87	103	104
市价总值（百万港元）	17452667.08	21871730.17	23908803.80	24892419.04	24425554.96
总成交额（百万港元）	17091116.87	13267508.72	15185792.16	16990272.08	25835958.20
总成交股数（百万股）	39621773.27	33812747.98	34210452.09	33929018.76	53091013.41
总成交宗数（宗）	213131902	190501387	227229216	258091086	349425144
恒生指数（最高）	24419.62	22666.59	24038.55	25317.95	28442.75
恒生指数（最低）	16250.27	18185.59	19813.98	21182.16	20556.60

数据来源：香港交易所（http://www.hkex.com.hk/）。

表 3-3　　　　　香港证券交易所基本情况（创业板）

指标	2011 年	2012 年	2013 年	2014 年	2015 年
上市公司数目（家）	170	179	192	204	222
新上市公司数目（家）	13	12	23	19	34
市价总值（百万港元）	84589.06	78398.98	134002.06	179409.87	258175.74
总成交金额（百万港元）	62957.51	33541.03	78837.80	165458.24	254663.27
总成交股数（百万股）	285503.28	154803.15	229284.85	357646.58	602894.91
总成交宗数（宗）	1721719	1107126	2241521	4346364	6324001
标普香港创业板指数（最高）	824.10	497.70	474.62	581.16	822.36
标普香港创业板指数（最低）	425.82	341.55	378.60	459.90	422.09

数据来源：香港交易所（http://www.hkex.com.hk/）。

香港联合交易所采用集中的电子竞价交易制度。交易时间为周一至周五（公众假期除外），竞价时段为上午 9:00—9:30，此阶段也称为开市前时段，早市时间为 9:30—12:00，延续早市时段为 12:00—13:00，此阶段在早市收市之后，在此期间可以进行交易，但只能在午市开市之后才能成交。午市时间为 13:00—16:00。此外，需要指出的是，在圣诞节前夕、新年前夕、农历新年前夕，香港证券市场没有午市。在开市前时段，根据买卖盘类别、价格和时间优先的次序，由系统配对完成。在持续交易时段，利用价格和时间优先次序，由系统配对完成而达成。系统配对的优先次序，表明买卖盘的最佳指定价格是怎样的。在轮候名单中，买卖盘的优先次序则由买卖盘的输入时间进行决定。

香港证券交易所中的 H 股，又称为"国企股"，H 股与 A 股不同的是，尽管上市公司的注册地在中国的内地，但上市公司却在香港证券交易市场上市。与 A 股相比，H 股为实物股票，交割制度与 A 股存在明显差异，在香港证券交易所，H 股实行"T+0"的交割制度，在这种交割制度之下，投资者当天买入的证券，如果想要卖出，当天便可以卖出交易。此外，与存在涨跌幅限制的 A 股不同，H 股并没有涨跌幅限制，这是一个重要的区别。在 2014 年 11 月 17 日之前，内地的机构投资者可以投资香港证券市场的 H 股，但个人投资者并不能直接投资于 H 股，H 股股票的投资者仅限于香港投资者以及国外投资者。

H 股股票也在香港证券交易所的主板以及创业板上市。1993 年主板中的 H 股市价总值为 18228.70 百万港元，占股份总市值的 0.61%，成交量也仅仅占 3.01%，为 33037.82 百万港币。十年之后的 2003 年，市价总值上升至了 403116.50 百万港元，占股份总市值的 7.36%，成交量也升至 501496.87 百万港币，占股份成交的 22.12%。截至 2015 年年底，H 股的市价总值和股份占比分别达到了 5157109.86 百万港元和 21.11%，成交量以及成交量占比，分别达到了 6882112.86 百万港元和 39.93%。创业板方面，从 2000 年开始，创业板才有 H 股股票的数据，2000 年的市价总值为 991.69 百万港币，仅仅占总市值的 1.47%，成交量也仅仅有 6868.59 百万港元，占 8.15%。市价总值的占比，在 2009 年升至 25.75%，此后开始下降，股份成交的占比也与 2010 年达到高潮，开启了下跌趋势。2015 年创业板 H 股的市价总值为 7529.51 百万港元，仅仅占股份总市值的 2.92%，成交量也萎缩至 8570.8 百万港元，仅占股份成交的 3.37%。

3.3 双重上市公司的发展历程

香港以活跃的股票市场著称，香港具有较为完善的法律制度和经济体系，其融资成本低廉、上市过程简洁更成为一大优势。近年来，香港证券市场吸引了越来越多的企业在港上市，香港更成为"国际化的金融中心"。我国企业海外上市的地点已经发展至世界上多个国家和地区，但是由于香港独特的经济、政治优势及与内地相连的地域优势，使其成为中国大部分企业和公司境外上市的首选地。自 1993 年 7 月 15 日青岛啤酒在香港上市以来，越来越多的公司进入到香港金融市场。在市场和政策的推动下，上市公司从 H 股上市后再回归 A 股的数量不断上升，上市公司在 A 股上市之后，选择去 H 股进行再融资的数量也陆续增加。由此，我国企业 A 股和 H 股双重上市的局面逐步形成。截至 2015 年 12 月 31 日，我国共有 88 家上市公司实现 A 股和 H 股同时上市。

在我国双重上市公司的发展历程中，一方面，政府的政策在其中起到了重要的作用，随着政府的政策和态度不断变化，境内企业赴港上市以及企业赴港上市后回归 A 股上市，都经历了一些起起伏伏。另一方面，我国双重上市公司的发展与 H 股的发展是紧密相关的，H 股股票与香港证券市场的波动息息相关。为了便于分析，本书结合恒生指数、上证综合指数及恒生中国企业指数，将双重上市公司的发展历程分为五个阶段。其中，恒生中国企业指数于 1994 年 8 月 8 日第一次公布，基准日为 2000 年 1 月 3

日，基准日指数为 2000 点，该指数以中国 H 股股票为成分股计算所得。图 3-1 是上证综合指数（SHI Index）、恒生指数（HSI Index）、恒生中国企业指数（HSCEI Index）的走势图，开始时间为 1993 年 7 月 15 日，即第一家内地企业——青岛啤酒在 H 股上市的日期，其中，较细的实线表示恒生指数，虚线表示上证综合指数，较粗的实线表示恒生中国企业指数。从图 3-1 中可以看出，恒生中国企业指数的走势与恒生指数的走势基本一致，只在 1999—2004 年出现一些差异。具体分析如下：

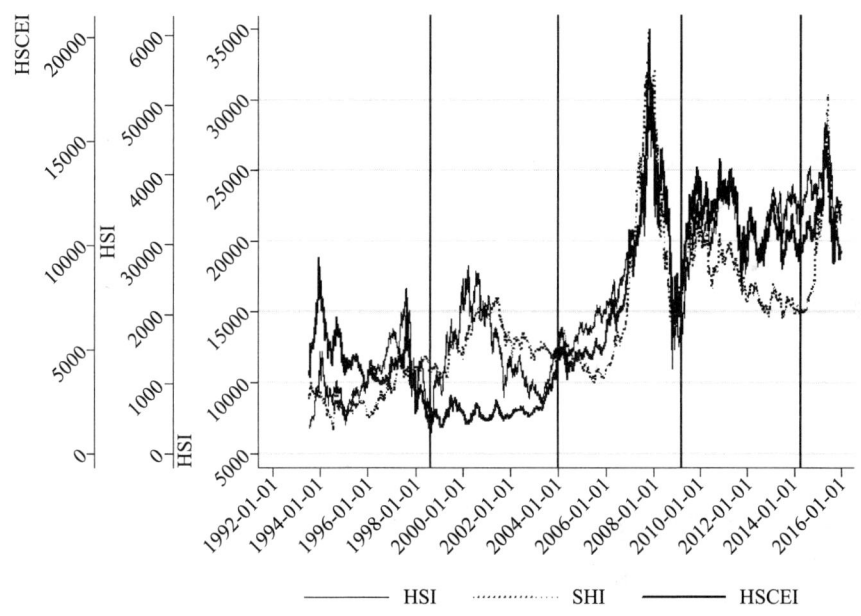

图 3-1 上证指数、恒生指数、恒生中国企业指数走势图

第一阶段，萌芽探索阶段。第一阶段大致为 1993 年 7 月 15 日青岛啤酒在香港上市，至 1998 年 8 月 28 日香港应对亚洲金融危机初战告捷。内地企业赴香港证券市场上市的初期，是按照国家的安排分批进行的，中国证监会等部门在上市初期提出了分批次进行境外上市的计划。第一批试点企业共计 9 家，主要是石化、钢铁、机械等制造业企业，在 1992 年 10 月获国务院等部门的批复之后，于 1994 年 6 月全部完成在香港上市的计划，

与此同时，按照国家的要求，以上9家企业在香港成功上市的第二年，回归到A股发行上市。青岛啤酒作为第一家成功在香港上市的企业，筹集资金近70亿港元。伴随着海外发行的成功以及投资者对中国概念的追随，H股股价在H股发行之后上升，恒生中国企业指数也出现了上扬，从1993年7月15日的3964.65点攀升至1993年12月13日的最高点——9452.86点，但好景不长，由于1993年国内存在的通货膨胀压力较大，信贷和货币超发，我国开始实行适度从紧的货币政策：1993年两次上调银行存贷款利率并对金融秩序进行整顿；1994年对外汇管理制度进行改革，实行外汇收入结汇制；1995年两次上调贷款利率。适度从紧的货币政策在1996年初见成效，物价回落，通货膨胀得到控制。但是，伴随着国内经济形势的改变，我国企业的盈利水平下降，加之对国内经济形式的预期，一些投资者纷纷抛售中国公司的股票，使得许多H股股价开始了回调，有些低于发行价，恒生中国企业指数也开始下降。1995年和1996年，恒生中国指数均徘徊在4000点左右，其中，1995年恒生中国企业指数最高为4770.42点，最低为2973.86点；1996年，最高为4274.83点，最低为3287.68点。随着投资者对中国概念的冷淡以及1997年亚洲金融危机的爆发，H股没有能够出现刚上市时的繁荣景象。第二批试点企业共计22家，但由于当时国内遭遇比较严重的通货膨胀，以及国外经济形势也发生了一些改变，如美联储连续6次加息，使得在第二批22家企业中，只有6家完成了在香港的上市计划，其中5家在香港上市的公司在国家支持下，回归到A股市场。随着1997年香港回归祖国以及国内宏观调控成功扭转了经济的发展态势，因此，对H股的影响很大，投资者又开始看好H股的上市公司，因此，恒生中国企业指数也出现了短暂的回升。然而，1997年7月2日，泰国突然发布新的消息，开始实行浮动汇率制。这一突发情况，引发了波及东南亚的金融危机。7月2日当天，泰国外汇市场以及金融市场一片混乱。在其影响下，1997年8月，马来西亚受到金融危机的影响，新加坡元也受到冲击。1997年10月下旬，香港作为国际金融中心，也受到了金融危机的冲击,台湾地区放弃新台币的决定,更对香港股市造成了压力。世界经济增势减缓,投资和贸易都受到冲击,由于金融危机的影响以及内外因素的综合作用,使得公众预期降低,也导致了 H 股的再次下跌。1997 年 10 月 23 日,恒生指数暴跌 1211.47 点,上证指数在当天仅下跌 4.16 点。1998 年 8 月 14 日,香港特别行政区宣布对股票市场进行干预,买下市场 6% 的股权,击退了疯狂的沽售,将恒生指数推高近 1000 点,从 6660.42 点升至 7224.69 点。1998 年 8 月 28 日,香港股市当日成交额达到 790 亿港元,恒生指数收盘 7829.74 点,由此,香港政府在亚洲金融危机中初战告捷。截至 1998 年,共有 37 家公司在 H 股上市,有 17 家公司回归 A 股股票市场,实现了 A 股和 H 股双重上市,值得注意的是,在 1997 年 12 月之前,在 H 股上市的公司一共 34 家,实现双重上市的公司共有 16 家,而截至 1998 年 12 月,在 H 股上市的公司仅比 1997 年多了 3 家,而返回 A 股上市以实现双重上市的,也只多了 1 家。1998 年一整年,无论是在 H 股上市的公司数目,还是返回 A 股上市实现双重上市的公司数目,都没有明显的增加。原因在于 1998 年 3 月 17 日,关于股票发行工作的一些通知,涉及了 B 股、H 股企业发行 A 股的问题,具体而言,国家为了规范上市公司的运作机制,原则上不允许发行 B 股或 H 股股票的企业,再在内地股票市场发行 A 股,与此同时,发行 A 股的上市公司,也不能再发行 B 股或 H 股股票。这一通知的出台,使得 H 股公司回归 A 股上市受到了阻碍,因此出现了上述局面。综上所述,从 1993 年 7 月 15 日青岛啤酒 H 股上市至 1998 年 8 月 28 日香港应对亚洲金融危机初战告捷,我国双重上市的有了初步的起步和发展,为萌芽探索阶段。

第二阶段,低迷发展阶段。自 1999 年亚洲金融危机的影响减退,至 2004 年 1 月股权分置改革提出之前。1999 年开始,H 股开始陷入低迷时期,恒生中国企业指数的走势与恒生指数的走势相背离,2000 年 1 月 3 日,恒生指数为 17369.6 点,尽管恒生指数已经突破 17000 点,但恒生中国企业指数仅为 2000 点,此后更是徘徊在 1400 点到 1800 点之间,低迷不振。另一方面，中国内地的股市在1999年结束了此前两年的盘整，迎来了牛市，"五一九行情"更是让上证综合指数达到了6年的最高点1109.09点，但伴随着1999年7月1日《中华人民共和国证券法》（以下简称《证券法》）的实施，开启了股市的又一次下跌。在此阶段，H股伴随着国内股票市场的波动产生了小幅波动，但总体仍然低迷。国务院2000年4月30日颁布了新的政策，扭转了H股股票低迷的局面。具体而言，这一政策的出台使得H股回归A股上市的途径得以打通，2000—2003年，有10家公司得以重返A股上市。2001年，中国股市再次从牛市转到熊市，2001年6月12日，国有股减持的相关办法发布，这一决定并没有因为启动而产生积极的影响。受到国有股减持阴影的影响，市场预期很差，这也为2002年之后的暴跌埋下了伏笔。随着2002年股票市场震荡走低形势的恶化，H股回归A股融资成本升高，相应的业绩下滑，双重上市机制和效果问题成为市场关注的焦点，由于股权分置问题的存在，市场对A股和H股股票价格差异问题越来越关注，与此同时，2002年6月24日，受到国内经济形势的影响，国务院正式停止了2001年提出的，关于国内股票市场减持国有股的计划。在重大利好的形势下，上证综合指数开盘涨幅达到9.09%，从1562.72点升至1707.31点。但H股总体形势并没有明显改变。总体来说，在亚洲金融危机之后，H股一直低迷不振，既没有受到香港股票市场指数回升的影响，也没有与国内股票市场的波动同步，尽管2000年出台的办法，为H股回归A股奠定了基础，同时拓宽了融资渠道，但H股的小幅上升并没有持续。究其原因，首先，H股公司多为传统行业，从事电力、石油、基建等行业的公司无法吸引投资者，受国内经济形势的影响，这些公司的业绩也欠佳更使其市场表现平平；其次，在香港上市的中国公司企业运作缺乏透明度，受到亚洲金融危机的影响，其盈利增长速度放缓，这些都使市场对H股的接受程度降低，估值也很低。综上，在国际环境、国内环境的综合作用下，1999—2003年，我国H股进入低迷时期表现平平。

第三阶段，深入发展阶段，自2004年1月至全球次贷危机消退。2004

年1月31日,引人注目的"国九条"正式发布,"国九条"中指出,中国股票市场存在股权分置问题,并且应该积极稳妥的去解决。随着股权分置问题的日渐突出,2005年4月29日,国家发布了关于我国股权分置改革试点的相关通知,我国独有的股权分置问题开始得到解决,改革的试点工作正式启动。股权分置改革的实施,适应了资本市场发展的需要,从公司角度来看,股权分置改革有利于市场化的激励和约束机制的实施,能进一步完善公司的治理结构,并解决股东之间的利益平衡问题。随着部分上市公司2006年年底股权分置改革的完成,我国资本市场步入了一个更好的阶段。2005年10月27日,《中华人民共和国证券法》的修订草案公布,修正后的《中华人民共和国证券法》对中国证监会的权力约束加大,此外,也着重强调了上市公司的信息披露,审核要求进一步提高,为了防止变相公开发行证券,严格控制证券私募发行。在我国经济的平稳发展下,经济形势渐好,国内基础设施建设保持高速增长,居民收入提高,人民币升值,股票市场也迎来高增长势头,沪深股市进入一轮爆发式的牛市行情,上证综合指数不断上扬,恒生指数也一路上涨,2007年12月31日,上证综合指数达到5261.56点,比2007年年初上涨2586.09点,涨幅达到96.66%,恒生指数也升至27812.7点,比年初的19964.7点上涨40%。恒生中国企业指数也上升到16124.4点,涨幅达到55.94%。在股市的大好形势下,我国也开始引导和鼓励H股回归A股,2006年和2007年两年时间,有20家上市公司成功回到A股上市。表3-4是H股市价总值及其占比,可以看出,从2005年开始,H股的市价总值猛然上升,所占股份总市值的比例也在不断攀升。就在市场形势一片大好的情况下,席卷全球的次贷危机终止了股市上涨的迅猛势头。次贷危机早在2007年2月便在美国显现出来,但是并没有立刻对中国内地及香港股票市场产生影响,2007年8月,次贷危机势如破竹,开始大面积影响美国。随后,次贷危机以不可控的速度影响着欧洲、澳洲、日本等金融市场,中国香港证券市场也受到了影响,恒生指数在达到最高点31638.2点之后开始迅速下跌,上证指数和恒生中国企业指数也在同一天达到最高 5897.19 点和 20400.1 点，此后开始下跌。此次股市大规模崩盘，一直持续到了 2009 年 3 月，2009 年 3 月 11 日美国花旗宣布其 2009 年 1 月和 2 月的盈利达到 190 亿美元，3 月 13 日，美国银行宣布 2009 年 1 月和 2 月实现盈利，道琼斯指数上涨近 240 点，实现连续三个交易日上涨，上涨达到 600 余点。次贷危机对金融系统乃至实体经济都产生了重大的冲击和影响，大部分上市公司公司经营规模以及经营利润急剧下滑，投资者受到次贷危机的影响，恐慌情绪严重，股市投资资金也陷入紧张状态。2008 年只有 5 家上市公司实现双重上市，其中，有 3 家公司成功返回 A 股上市，2 家公司是先在 A 股上市，后在 H 股上市。2009 年也仅有 2 家上市公司完成双重上市。

表 3-4　　　　　　　　　　H 股市价总值及其占比

年份	主板		创业板	
	市价总值（百万港元）	占股份总市值（%）	市价总值（百万港元）	占股份总市值（%）
2000	85139.58	1.78	991.69	1.47
2001	99813.09	2.57	1888.75	3.10
2002	129248.37	3.63	2393.01	4.58
2003	403116.50	7.36	5063.25	7.21
2004	455151.75	6.87	6376.35	9.56
2005	1280495.01	15.78	6420.65	9.64
2006	3363788.46	25.39	14952.03	16.82
2007	5056820.09	24.62	22695.38	14.09
2008	2720188.76	26.53	11550.65	25.57
2009	4686418.75	26.37	27059.82	25.76
2010	5210324.73	24.88	20154.24	14.97
2011	4096659.80	23.47	4611.67	5.45
2012	4890925.94	22.36	5074.68	6.47
2013	4906583.21	20.52	5953.03	4.44
2014	5723993.53	22.99	5664.53	3.16
2015	5157109.86	21.11	7529.51	2.92

数据来源：香港交易所（http://www.hkex.com.hk/）。

第四阶段，震荡发展阶段，自全球次贷危机消退至沪港通互联互通机制提出之前。在全球金融风暴的冲击下，我国经济受到了严重的冲击，股票市场也大幅下跌，在此形势下，2008年11月5日国务院总理温家宝，在国务院常务会议上提出，进一步研究部署扩大内需、促进经济增长，从2008年第四季度到2010年年底，计划进行4万亿元投资。2009年5月21日发展改革委员会对4万亿元新增投资的资金来源以及重点投向行业进行了说明。在4万亿元投资中，中央预算内投资、中央财政公共投资等占到29.5%，地方财政预算、中央财政代发地方政府债券以及银行贷款等占到70.5%。资金投向方面，针对廉租房、棚户区改造的保障住房约4000亿元，铁路、公路、机场、水利等重大基础设施建设以及城市电网改建，约为15000亿元，灾后重建约1万亿元，此外，还有针对农村的民生工程、医疗卫生教育文化、节能生态以及自主创新方面的投资。4万亿元投资在2009年年底取得了显著成效，拉动了全社会的投资，2008年第四季度国内生产总值为87816.3亿元，到2009年第四季度，国内生产总值已达到99808亿元，比2008年同期增长13.66%。2010年第四季度更上升至118208.2亿元。此外，投资还推进了经济增长方式的改变，汶川地震后的基础设施建设，也为长远的发展奠定了基础。总体上来看，在次贷危机后的两年时间中，我国成功遏制了经济增速的下滑趋势。随着国内经济形势的好转，内地股票市场和香港股票市场之间的联动性越发明显，恒生中国企业指数的波动与恒生指数的波动也趋于一致，H股的发展在次贷危机之后又恢复了正常，中国上市公司在H股上市，也成为企业海外上市的较优选择。2011年港股全年走低，在2011年4月达到全年最高点24468.64点之后，受到欧洲债务危机，以及标普、穆迪等下调对欧元区各国评级的影响，港股走势不断下跌，11月4日达到最低点16250.27点，H股股票也同时下跌。2012年受到美国、日本等发达国家量化宽松政策的影响以及中国经济稳定发展等积极因素的推动，香港股市稳步上升，2012年全年升幅达22.9%，H股股票也在资金充裕的带动下上升，恒生中国企业指数升幅达15.1%。2013年延续了2012年股市总体上升的趋势。另一方面，受到欧洲债务危机的影响，内地股市在2012年已经开始呈现低迷态势，股市的扩容使股票市场供过于求，投资者失去信心。大小非的解禁也成为股市扩容的重要力量，直到11月16日，IPO开始暂停，并持续至2013年。2013年中国内地股市全年停发IPO，资金池里资金的短缺，导致股市震荡下跌，央行的冷处理使沪深两市受到重挫，跌至年度最低点。

　　第五阶段，发展融合阶段，自沪港通互联互通机制提出至今。2014年，上证指数、恒生指数以及恒生中国企业指数分别上升52.87%、1.3%和10.8%，原因在于，2014年4月初沪港通的批复稳定了市场情绪，中国内地积极的经济措施，提振了受到美联储退市政策影响的香港股市。2015年年初，市场对沪港通的乐观态度带动了股票市场的上扬，4月恒生指数超过28000点，4月28日达到28442.75点，恒生中国企业指数也升至14714.8点。股票市场的短暂繁荣并没有能够持续，受到内地股票市场大规模抛售的影响，7月8日恒生指数暴跌1458.7点，出于对市场经济硬着陆的担心以及人民币贬值预期的形成，香港股票跌幅扩大并持续，2015年底，经济前景并不明朗，加之人民币汇率波动明显，香港股票指数震荡下跌。纵观这一时期，香港股票市场与内地股票市场的联系增强，沪港通的开通，更开通了两地的互联互通机制，与此同时，恒生中国企业指数随恒生指数起伏波动，H股股票市场与A股股票市场的联系也更密切。截至2015年年底，共有88家上市公司实现A股和H股双重上市，这些公司规模大、市价总值高，成为香港证券市场的重要组成部分，越来越多的国内公司可以同时利用国内国外股票市场进行投融资，在A+H模式的推动下，两地股票市场也在不断融合、发展。

3.4　本章小结

　　本章对双重上市公司进行界定，并对A股和H股股票市场以及我国双重上市公司的发展历程进行阐述。

首先，本章明确了本书的研究对象，即在内地和香港证券市场同时上市，并且采用直接上市这种形式的公司。其次，本章对 A 股市场和 H 股市场的发展历程进行了介绍。A 股市场和 H 股市场，都经历了漫长的发展过程，证券市场的规模不断扩大，市价总值和成交金额都不断增加，各个方面不断进步和发展，形成了有各自特色的证券市场，两地证券市场既有区别，又有联系。再次，由于本书的研究对象，是在内地和香港同时上市的 A+H 双重上市的公司，本章在对双重上市公司进行界定之后，结合恒生指数、上证综合指数，以及恒生中国企业指数，将双重上市公司的发展历程分为五个阶段，并进行详细分析。随着政府政策和态度的不断变化，境内企业赴港上市以及企业赴港上市后回归 A 股上市，都经历了一些起伏，经过几个重要阶段的发展，两地证券市场的联系更加紧密。

第 4 章

股权分置改革对双重上市公司的影响

4.1 研究股权分置改革的意义

4.1.1 股权分置改革概述

股权分置是我国独有的现象,其指 A 股上市公司的股份按照能否在证券交易所上市交易,分为流通股和非流通股。流通股主要是社会公众股。非流通股则包括国有股、境内法人股等股份,非流通股的股东持有相同的股票,却不能行使流通股股东的权利。

股权分置他起源于 20 世纪 80 年代末至 90 年代初,他与我国国有企业的股份制改造同时诞生。在经济改革的初期,为了建立现代企业制度,调动经营者的积极性,以及改善企业陈旧的治理结构,我国决定对国有企业进行股份制改造,为了避免股份制改革中出现的问题,即避免在发行股票的过程中产生私有化,避免国有资产出现流失以及避免公有经济失去主导地位,在国有企业的改革过程中,发行的股票采取了增量方式,即在国有企业原有资产折合成国有股份之后,再增量发行一些股票,增量发行的股票为社会公共股,可以在证券交易所自由交易,原有国有资产折合形成的股份为非流通股,不能在证券交易所自由交易。因此,为了保证国有企业在改革上市之后,国家依旧可以控股,同时国有资产不会流失,导致了不流通股的出现。截至 2004 年年底,我国证券市场的发行总股本为 7149.43亿股,其中,流通股本仅有 2577.18 亿股,流通股本仅占总发行股本的

36.05%（见表4-1）。

表4-1 上市公司股本结构

年份	股票总发行股本（亿股）	流通股本（亿股）	A股流通股本（亿股）
1996	1219.54	429.85	267.14
1997	1942.67	671.44	443.24
1998	2526.79	861.94	607.01
1999	3088.95	1079.65	810.45
2000	3791.71	1354.26	1078.33
2001	5218.01	1813.17	1315.21
2002	5875.45	2036.9	1508.43
2003	6428.46	2269.92	1717.93
2004	7149.43	2577.18	1996.65
2005	7629.51	2914.77	2280.84
2006	12683.99	3444.5	3215.54
2007	17000.45	4933.64	4682.77
2008	18900.12	6964.97	6696.76
2009	20606.26	14200.19	13928.17
2010	26984.49	19442.15	19160.47
2011	29745.11	22499.86	22204.54
2012	31833.62	24778.22	24497.05
2013	33822.04	29997.12	29714.53
2014	36795.1	32289.25	32013.11
2015	43024.14	37043.37	36773.67

数据来源：国家统计局（http://www.stats.gov.cn/）。

  股权分置现象的存在，给证券市场带来了很多弊端。首先，股权分置的存在，影响着我国证券市场功能的正常发挥。由于股权分置现象的存在，证券市场股票价格不能反映股票的内在价值，这也是我国证券市场市盈率偏高的原因。证券市场无法正常反映市场资源配置的情况，股票价格偏离合理的均衡价格水平，股票市场无法给出正确的信号，更无法发挥

"经济晴雨表"的作用,由于市场信号的失实,市场无法自发实现价格发现、投资导向等功能。其次,股权分置现象的存在,导致流通股和非流通股股东产生利益冲突。流通股股东通过股票价格的上涨实现盈利,股票价格的上升,主要取决于上市公司经营业绩的提高;而非流通股股东的利益依靠上市公司净资产的增加,流通股股东和非流通股股东之间的利益冲突,即流通股股东和非流通股股东关注的重点不同。非流通股股东在配股、增发等股权融资过程中,对流通股股东利益的侵占,股权融资具有财富再分配作用,非流通股股东在净资产增值中获得的利益大于流通股股东。同时,上市公司近2/3的股权在非流通股股东的手中,因此,非流通股股东通过股权融资积累财富的措施,不能对上市公司的长远发展起到积极作用,进而影响流通股股东的利益。

随着资本市场的发展,股权分置问题成为困扰股票市场进一步发展的主要问题。1994年9月,上海陆家嘴,以每股2元的价格对2亿股国有股进行回购,成为我国国有股回购的第一例。2001年6月,我国国有股的减持工作开始启动进行,但由于波及太多,对经济产生了不利影响,一年后,国家便停止了股权市场的减持国有股工作。国有股减持改革试点工作的停止,使股权分置的问题再次搁置。由于股权分置导致的股东权利不平等、义务不对等以及股东收益与风险不对等的问题一直存在并成为我国对外开放和经济体制深化改革的障碍,2004年1月31日国务院在"国九条"中,明确指出,"积极稳妥解决股权分置问题",2005年4月29日股权分置改革正式启动。三一重工、金牛能源、紫江企业以及清华同方成为第一批试点的上市公司,其中,三一重工、金牛能源,紫江企业分别在2005年6月17日、2005年6月28日以及2005年7月29日完成股权分置改革并复牌上市。按照规定,改革方案实施之日起,在12个月内,股份不得上市交易或者转让,在上述期满之后,对于持有股份达到上市公司股份总数5%以上的原非流通股股东,出售数量占上市公司股份总数的比例,在12个月之内不能超过5%,在24个月之内不能超过10%。2006年6月19日股权分置改革后一年的三一重工限售股解禁,标志着中国股票市场正式进入了全部流通时代。截至2006年年底,我国共有1140家上市公司完成了股权分置改革,2007年年底改革完成的上市公司数目达到1254家。股权分置改革的实施,解决了流通股股东,和上市公司原非流通股股东之间的利益冲突问题,公司僵化的控制权得到改善,从长远来看,有利于证券市场的持续发展,适应了我国资本市场开放的形势,对上市公司而言,股权分置改革有利于形成良好的激励和约束机制,并不断完善公司的治理结构。

4.1.2 股权分置改革与 A + H 股票价格的联系

股权分置改革作为我国证券市场的重要改革,在经过多年的尝试之后,终于顺利开展并逐步完成,截至2007年年底,我国已经有1254家上市公司完成了股权分置改革。这对于A股股票市场的发展和完善有着重要的意义,从根本上解决了中国股票市场特有的流通股和非流通股并存的问题。2006年6月19日三一重工限售股解禁标志着中国股票市场正式进入了自由流通时代。截至2006年年底,参与股权分置改革的上市公司一共解禁股票101.166亿股。截至2007年年底,这个数字上升至570.122亿股。2009年年底,参与股权分置改革的上市公司全年解禁股票2032.478亿股。

在股权分置改革之前,A股股票价格并不能真实地反映股票的内在价值,A股和H股股票价格存在巨大差异。韩德宗(2006)指出,股权分置改革方案推出后,由于流通股股东存在补偿预期,对股票价格差异产生影响。巴曙松等(2008)、郝云宏等(2011)也指出,我国股票市场独特的股权分置现象是导致A股和H股股票价格差异的重要原因,非流通股所占的比例,与A股相对于H股存在的溢价存在显著的正向关系。因此,本书认为,股权分置改革将在以下几个方面影响A股股票价格,进而影响A股和 H 股股票存在的价格差异。首先，股权分置改革的完成，增加了 A 股股票的供给，接近 2/3 的非流通股股票逐步转换为流通股股票，使 A 股股票的供给量不断增加，这个过程对 A 股股票价格产生了冲击，进而影响两地股票价格差异的变动。其次，在非流通股转换为流通股的过程中，非流通股的股东需要向流通股股东进行补偿，投资者补偿预期的存在，将在短期内推升 A 股股票的价格，从而扩大两地股票价格差异。最后，股权分置改革的完成，有利于 A 股股票市场作用机制不断完善，使 A 股市场的估值更为合理，同时有利于降低 A 股的股票风险和资本成本，长期来看，有利于促进 A 股股票价格趋于合理，理论上可以平抑 A 股和 H 股股票价格存在的差异。综上所述，在股权分置改革这一特殊体制背景下，研究 A 股和 H 股股票价格存在的差异，是非常具有研究价值的问题。在第 5 章和第 6 章中，本书将对股权分置改革前后，A 股和 H 股股票收益率与证券市场收益率之间的联动关系进行分析。同时，也对股权分置改革在两地股票价格差异变动中的作用进行研究，考察股权分置改革前后，股票价格差异的变动情况以及影响因素。在本章接下来的研究中，将以股权分置改革过程中的两个重要事件为例，运用事件研究法，考察 A 股和 H 股股票市场对股票对价补偿以及流通股解禁产生的反应，为下文的研究进行铺垫。

4.2　研究设计与研究方法

为了考察股权分置改革对双重上市公司产生的影响，在本章中，采用事件研究法，对股权分置改革这一事件对 A 股和 H 股股票市场收益率产生的影响进行考察。事件研究法广泛应用于金融领域，Dolley（1933）首先采用事件研究法对美国股票市场进行研究，他对 1921—1931 年美国股票拆分事件产生的股价效应进行分析，Myers 和 Bakay（1948）、Barker（1956；1957；1958）、Ashley（1962）对事件研究法进一步发展和完善，Ball 和 Brown（1968）、Fama（1969）使事件研究法的发展走向成熟，Ball 和 Brown（1968）最早在年报会计信息含量对股票市场的影响中，使用了事件研究法。Brwon 和 Wanrner（1980；1985）、Corrado（1989）分别从不同方面对事件研究法中的参数检验和非参数检验进行了发展。有鉴于此，本节采用事件研究法，对股权分置改革在股票价格变动中的作用进行考察。鉴于股权分置改革的整个过程包含多个重要事件和重要时期，下面首先对股权分置改革的各个阶段进行介绍，在此基础上，再对事件研究法涉及的过程进行详细说明。

根据《上市公司股权分置改革管理办法》，股权分置改革可以分为如下几个阶段（图 4-1），按照股权分置改革的操作程序，公司首先进行股权分置改革动议，由全体流通股股东或者 2/3 以上的非流通股股东提出，上市公司的公司董事会在收到非流通股股东的书面委托之后，聘请相关保荐机构协助制定股权分置改革方案，并出具保荐意见书。在相关事宜处理完毕后，对相关股东会议的召开时间进行确定，在图 4-1 中，$t1$ 时间点对应股权分置改革公告日期，此时，上市公司发出召开相关股东大会的通知，并公布股权分置改革说明书，同时上市公司股票停牌。自相关股东会议通知发布的 10 日之内，上市公司协助非流通股股东，与 A 股市场的流通股股东进行协商，如不对股权分置改革方案进行调整，则在 $t2$ 时间点上市公司复牌，复牌之后，上市公司的股权分置改革方案不可再次调整。在上述程序完成之后，$t3$ 时间点，上市公司再次停牌，召开相关股东大会，此次停牌至股权分置改革规定的结束之日截止。在 $t4$ 时间点，股权分置改革方案获得表决通过，为股权分置改革之后的首个交易日，又称为"对价支付股票上市流通日"。由于股权分置改革之后，关于原非流通股的出售有限制，因此在改革之后的首个交易日之后，还有 3 个时间点，即 $t5$、$t6$ 和 $t7$，这三个时间点的间隔时间为 12 个月，是根据《上市公司股权分置

第4章 | 股权分置改革对双重上市公司的影响

改革管理办法》的相关条款进行设定，$t5$ 是股权分置改革之后，首个交易日之后的第 12 个月，因在改革方案实施之日起，原非流通股股份，12 个月内不可以上市交易，也不可以进行转让；$t6$ 和 $t7$ 分别是股权分置改革之后首个交易日之后的第 24 个月和第 36 个月，因为按照规定，上市公司持有超过公司 5% 股份总数的原非流通股股东，在 12 个月期限届满之后，12 个月内，不能出售超过该公司股份总数 5% 的股份，24 个月内，出售数量不得超过 10%。因此，股权分置改革之后首个交易日后的 3 年之内，为最后 3 个时间点。按照方案，在上述时期届满之后，上市公司的非流通股全部可流通，我国 A 股股票市场进入自由流通时代。在对股权分置改革的各个阶段进行说明之后，结合事件研究法的研究步骤，将本节的研究设计进行说明：

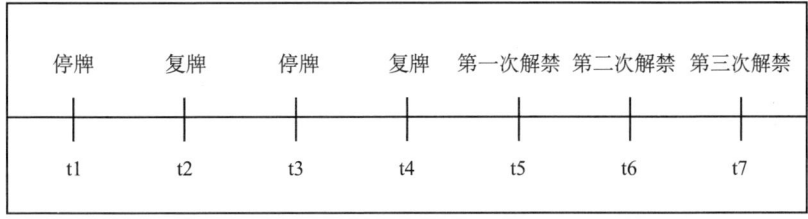

图 4-1　股权分置改革流程

1. 定义事件与窗口期

事件研究法的第一步，是定义事件与窗口期。在本文中，所研究的事件是股权分置改革，鉴于股权分置改革分为很多阶段，关键的时间点也有很多，对于 A 股股票市场，本书选取股权分置改革之后的首个交易日，以及第一次解禁交易日作为研究事件。这样选取的原因在于，在上市公司公布股权分置改革方案之后，进入停牌期，尽管此后不久上市公司复牌，但上市公司的复牌时间非常短，并再次进入停牌期，如果选择股权分置改革公告日作为研究事件，研究前后的事件期不连续，在第一次停牌与最后一次复牌之间，时间也非常短，因此，$t1$ 时间并没有作为一个研究事件。另一方面，上市公司的解禁一般经过了三次，但对于市场投资者而言，第一次解禁受到的关注度最多，因此，第一次解禁公告日也作为本书的研究事件。对于 H 股股票市场而言，为了与 A 股股票市场的研究相对应，也选择以上两个时间点进行研究。

窗口期一般包括估计窗口期和事件窗口期，在本研究中，估计窗口期用来估计正常收益的参数，在窗口期的选择上，Firth、Lin 和 Zou（2010）选择了（-63，-4）作为研究窗口期，Lu、Balatbat 和 Czernkowski（2012）估计参数的窗口期，选择了（-120，-1），Cheng、Chiou、Chen 和 Lee（2012）选择的窗口期则为（-240，-121），因此，对于窗口期的选择，不同学者的研究有不同的选择，在本书研究中，分别对（-240，-121）、（-150，-31）以及（-120，-1）三个窗口期进行实证分析，结果并没有显著差异。因此，在研究中，呈现的结果仅为窗口期是（-240，-121）的研究结果。事件窗口期用来验证股票价格是否因为事件的发生产生了异常变动，即股权分置改革各个阶段的事件，是否对 A 股和 H 股股票市场的股票价格产生了影响，在本文中，对（-1，0）、（0，1）、（-1，1）、（-2，2）、（-3，3）、（-5，5）以及（-10，10）几个窗口期进行考察和对比分析。

需要特别指出的是，在以股权那分置改革之后的第一个交易日为研究事件时，估计窗口期和事件窗口期 $t = -1$ 的选取，采用了两种方式。第一种方式，以股权分置改革之后的首个交易日为第 0 天，并以此对估计窗口期和事件窗口期进行计算，一般的研究都采用此方式。第二种方式，以股权分置改革之后首个交易日为第 0 天，但以股权分置改革公告日的前一天，定义估计窗口期和事件窗口期中的 $t = -1$（Firth、Lin 和 Zou，2010）。这样选择的原因在于，两个时间点的时间间隔很短，即两个时间点之间，股票可以上市交易的天数很短，如果以股权分置改革之后首个交易日的前一个交易日为 $t = -1$，则窗口期可能会包含股权分置改革公告日，为了避免股权分置改革公告日对异常收益率产生的影响，对股权分置改革整个事件对股票市场的影响进行研究，本研究也采用此种方式与第一种方式进行对比分析。

2. 样本选择

在股票市场的事件研究法中，样本数据包括 A 股和 H 股股票的收益率，以及两地股票市场的收益率，研究选取 2000 年 1 月 1 日至 2015 年 12 月 31 日的日度数据，A 股和 H 股的股票收益率均采用上文定义的，包含现金股利分红之后的收益率，数据来自 Wind 数据库以及 CSMAR（国泰安）数据库。

3. 异常收益率以及累计异常收益率的计算

根据 Sharp（1964）、Linter（1965）的研究，异常收益率的计算方式如下：

$$AR_{i,t} = R_{i,t} - E(R_{i,t})$$
$$= R_{i,t} - \hat{\alpha}_{i,t} - \hat{\beta}_{i,t} * R_{m,t} \quad (4.1)$$

其中，$R_{i,t}$ 是第 i 个上市公司在第 t 天的股票收益率，$R_{m,t}$ 为证券市场第 t 天的市场收益率，在本研究中，对于 A 股股票市场，根据上市公司所在证券交易所的不同，$R_{m,t}$ 分别对应上证综合指数（SHI）以及深圳成分指数（SZI）的收益率，对于 H 股股票市场，则对应恒生指数（HSI）的收益率。$\hat{\alpha}_{i,t}$ 以及 $\hat{\beta}_{i,t}$ 分别为根据估计窗口期计算所得的系数，在本书研究的结果中，呈现的是根据（-240，-121）窗口期计算的市场估计系数。根据异常收益率，可以对事件期所有上市公司的平均异常收益率进行计算：

$$AAR_t = \frac{1}{N} \sum_{i=1}^{N} AR_{i,t} \quad (4.2)$$

其中，N 为研究样本中上市公司的数量。在事件窗口期内，第 i 个上市公司的累计异常收益率的计算方式为：

$$CAR_i(t_1, t_2) = \sum_{t=t_1}^{t_2} AR_{i,t} \quad (4.3)$$

其中，(t_1, t_2) 表示研究中的事件窗口期。

事件窗口期内，所有公司平均累计异常收益率的计算公式为：

$$ACAR_i(t_1,t_2) = \frac{1}{N}\sum_{i=1}^{N} CAR_i \qquad (4.4)$$

4. 异常收益率的统计检验

异常收益率的检验，主要包括参数检验和非参数检验，两种方法均对异常收益（累计异常收益）均值为0的原假设进行检验。其中参数检验法主要包括 Brown 和 Warner（1980）提出的传统 t 值法，Patell（1976）年提出的标准化异常收益率法、Boehmer 等（1991）提出的标准化界面相关调整法。非参数检验方法主要包括符号检验（Cowan（1992））和符号秩检验（Carnado（1989））。在本书中，采用 Brown 和 Warner（1980）提出的传统 t 值法对累计异常收益率进行检验。

4.3 实证结果分析

4.3.1 股权分置改革对 A 股股票市场的影响

根据前文所述，本书以股权分置改革进程中的两个重要事件为研究事件，即以上市公司股权分置改革之后的首个交易日，以及上市公司第一次解禁的交易日，作为本文的研究事件。

在以股权分置改革后第一交易日为事件的研究中，所选的估计窗口期为（-240，-121）、事件窗口期为（-1，0）、（0，1）、（-1，1）、（-2，2）、（-3，3）、（-5，5）以及（-10，10）。根据上文所述，在此采用两种方式计算窗口期。图4-2和表4-2是根据第一种方式计算窗口期得到的结果，即以股权分置改革后第一交易日为时间0，向前以及向后计算估计窗口期和事件窗口期得到的结果。样本包括30家双重上市公司的 A 股股票数据，股权分置改革之后第一个交易日的前后10个交易日为事件期。图4-2对A股股票的平均异常收益率和平均累计异常收益率进行考察，其中，粗的黑线表示平均异常收益率，细的黑线表示平均累计异常收益率。观察可知，在事件日，上市公司股票的异常收益率显著上升，异常收益率达到14.61%，对30家上市公司而言，在1%的置信水平下，事件日当天的异常收益率都是显著异于0的。此外，在这种设定方式下可以看出，流通股股东对上市公司股权分置改革方案的态度，原因在于，事件日之前的几个交易日，是在公司公布股权分置改革方案之后。图4-2可以看出，在事件日前的10个交易日，异常收益率都为正，说明流通股股东对于上市公司的对价补偿方案是满意的，因此，投资者没有抛售上市公司的股票，而是选择继续持有该上市公司股票。然而，在事件日的后一天，平均异常收益率开始下跌，变为-1.168%，在30家双重上市公司中，有21家上市公司的A股异常收益率显著为负，接下来的三个交易日，平均异常收益率分别是0.011%、0.1845%以及-0.2776%，但在10%的置信水平下，都不是显著异于0的。产生这种现象的一部分原因在于，在事件日当天，流通股股东已经获得对价补偿，股权分置改革的有利补偿已经完成。因此，股票供给量猛然增加的影响，在事件日后第二个交易日开始起作用，由于股票供给量增加，股票价格开始下降，股票的收益率也在下降。表4-2是事件期内30家上市公司A股的平均异常收益率，表中的结论与图4-2是一致的，在事件日之前，上市公司的平均异常收益率均为正，且大部分是显著为正的，而在事件日之后，平均异常收益率以负数为主，且很多不是显著异于0的，说明对于所研究的30家上市公司而言，事件期之前以及事件日当天，异常收益率都是显著异于0的。表4-2的第二部分对为A股平均累计异常收益率，窗口期分别为(-1,0)、(0,1)、(-1,1)、(-2,2)、(-5,5)以及(-10,10)，股票的平均累计异常收益率分别为15.317%、13.439%、14.159%、14.611%、16.071%、18.930%以及24.164%，且在1%的置信水平下都是显著异于0的。

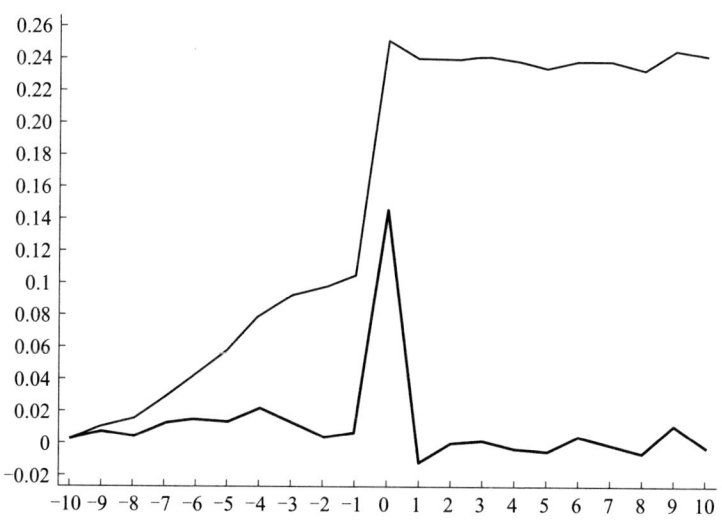

图4-2　A股平均异常收益率与平均累计异常收益率1

表4-2　A股超额收益率1

平均异常收益率（AAR）

事件期	-10	-9	-8	-7	-6	-5	-4
AAR（%）	0.325 (1.077)	0.768** (2.169)	0.502 (1.022)	1.326† (3.080)	1.408** (2.275)	2.184** (2.191)	1.275** (2.625)
事件期	-3	-2	-1	0	1	2	3
AAR（%）	0.441* (1.995)	0.720 (0.877)	0.720* (1.661)	14.607† (3.030)	-1.169* (-1.416)	0.011 (0.020)	0.185 (0.2822)
事件期	4	5	6	7	8	9	10
AAR（%）	-0.278 (-0.447)	-0.454 (-1.144)	0.491 (0.923)	-0.053 (-0.094)	-0.560 (-1.141)	1.216* (1.880)	-0.322 (-0.667)

平均累计异常收益率（ACAR）

窗口期	(-1, 0)	(0, 1)	(-1, 1)	(-2, 2)	(-3, 3)	(-5, 5)	(-10, 10)
ACAR（%）	15.327† (3.223)	13.439** (2.392)	14.159† (2.878)	14.611† (3.030)	16.071† (3.220)	18.930† (3.700)	24.164† (4.285)

注：† $p < 0.01$，** $p < 0.05$，* $p < 0.1$。

图4-3和表4-3是根据第二种方式计算窗口期得到的结果。以股权分置改革后第一交易日为时间0，但事件日之前的窗口期，根据股权分置改革的公告日向前推算，此时，事件日之前的窗口期，主要对股权分置改

革公告前的股票异常收益进行考察。样本依然是 30 家双重上市公司的 A 股股票。图 4-3 对 A 股股票的平均异常收益率和平均累计异常收益率进行考察,其中,粗的黑线表示平均异常收益率,细的黑线表示平均累计异常收益率。可以看出,在事件日,上市公司的股票收益率显著上升,异常收益率达到 14.596%,对 30 家上市公司而言,在 1% 的置信水平下,事件日当天的平均异常收益率是显著异于 0 的。此外,在这种计算窗口期的方式下,可以看出,在上市公司发布股权分置改革公告之前的四个交易日,30 家上市公司的平均异常收益率已经大于 0,其中有两个交易日,平均异常收益率是显著异于 0 的,说明在股权分置改革之前,流通股股东已经通过股权分置改革前期的动议,表明了对股权分置改革的态度,正的异常收益率说明,尽管流通股股东不知道改革对价补偿的方案,但对股权分置改革已经是看好的。尽管事件日当天,平均异常收益猛然升高,但仍然无法抑制事件日之后,平均异常收益率的下跌,事件日后的第一天,平均异常收益率为 -1.203% 且在 10% 的置信水平下是显著异于 0 的,有 21 家上市公司的 A 股异常收益率显著为负,接下来的三个交易日,平均异常收益率分别是 0.023%、0.204%、-0.283%,但在 10% 的置信水平下,都不是显著异于 0 的。产生这种现象的一部分原因,在前文已经说明,即在事件日当天,流通股股东已经获得对价补偿,股权分置改革的有利补偿已经完成。因此,股票的供给量猛然增加,在事件日后第二个交易日开始对股票市场产生影响,由于股票供给量增加,股票价格开始下降。表 4-3 是事件期内 30 家上市公司的平均异常收益率,表中的结论与图 4-3 是一致的,在股权分置改革公告日的前四个交易日开始,上市公司的平均异常收益率均为正,且有两个交易日是显著为正的,而在事件日之后,A 股的平均异常收益率不是显著异于 0 的,只有事件日后的第二天,股票收益率出现了下跌,说明投资者对于股权分置改革的预期还是相对平稳的。表 4-3 的第二部分对为平均累计异常收益率,窗口期内的平均累计异常收益率,在 1% 的置信水平下都是显著异于 0 的。

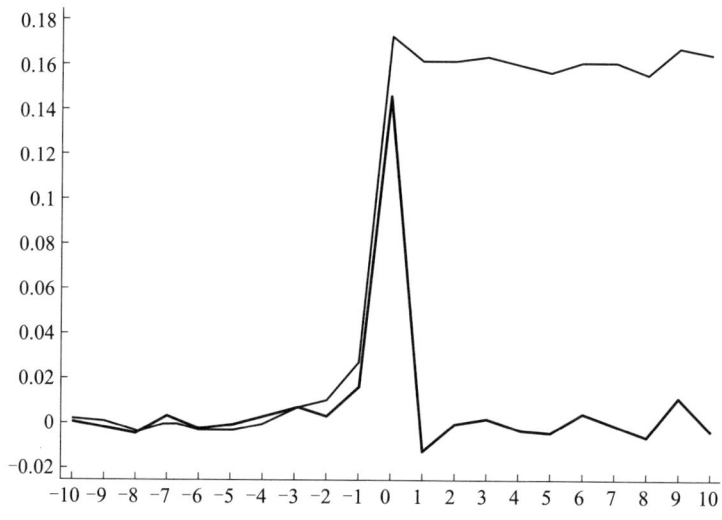

图4-3 A股平均异常收益率与平均累计异常收益率2

表4-3 A股超额收益率2

平均异常收益率（AAR）

事件期	-10	-9	-8	-7	-6	-5	-4
AAR（%）	0.163 (0.362)	-0.096 (-0.279)	-0.348 (-0.978)	0.321 (1.090)	-0.221 (-0.677)	-0.084 (-0.290)	0.304 (1.084)
事件期	-3	-2	-1	0	1	2	3
AAR（%）	0.727* (1.774)	0.306 (0.800)	1.691† (3.110)	14.596† (3.031)	-1.203* (-1.461)	0.023 (0.042)	0.204 (0.313)
事件期	4	5	6	7	8	9	10
AAR（%）	-0.283 (-0.455)	-0.438 (-1.103)	0.479 (0.894)	-0.011 (-0.019)	-0.574 (-1.146)	1.227* (1.902)	-0.310 (-0.641)

平均累计异常收益率（ACAR）

窗口期	(-1, 0)	(0, 1)	(-1, 1)	(-2, 2)	(-3, 3)	(-5, 5)	(-10, 10)
ACAR（%）	16.287† (3.444)	13.393** (2.689)	15.084† (3.079)	15.414† (3.200)	16.345† (3.228)	15.844† (3.170)	16.474† (3.009)

注：† $p<0.01$，** $p<0.05$，* $p<0.1$。

下面以上市公司股权分置改革后，限售股第一次解禁为研究对象，对上市公司A股股票的异常收益率进行考察。股权分置改革之后，在12个月内不能上市交易或转让，在12个月期限届满之后，上市公司可以按照规定上市交易限售A股。尽管上市公司在股权分置改革公告中表示，在股权分置改革完成后第一个交易日之后的一年，进行第一次解禁，但一部分公司并没有执行，而是经过了不同程度的时间调整。本书根据上市公司实际第一次解禁为事件日，而不是股权分置改革方案中提到的第一次解禁时间。上市公司第一次解禁的股份数差异很大，如中兴通讯（000063.SZ）在2005年12月29日完成股权分置改革，于2006年12月29日解禁11081.99万股股票，解禁之后，限售A股仍然有31098.274万股。而如中海发展（600026.SH），2005年12月30日上市公司完成股权分置改革，但第一次解禁的时间是在三年后的2008年12月30日，且一次解禁157850万股股票，将限售股全部解禁。根据上市公司不同的解禁时间，本书对上市公司第一次解禁公告日前后的股票市场收益率变动进行考察。需要指出的是，首先，在30家双重上市公司的A股股票中，经纬纺机（000666.SZ）自2006年8月8日实施股权分置改革以来，除2013年12月24日通过定向增发机构配售股份6337.81万股之外，并未解禁限售股，因此将此上市公司剔除，与此类似的上市公司还有石化油服（600871.SH），该公司在股权分置改革之后，第一次解禁限售股的时间为2016年8月22日，不在本研究区间内，因而将该上市公司剔除。其次，鞍钢股份（000898.SZ）2005年12月2日完成股票分置改革，第一次解禁限售股的时间为2008年12月3日，但在此之前，该上市公司分别在2006年12月5日、2007年1月4日以及2007年10月25日，通过认沽权证行权、配股等方式解禁了33885.88万股股票，鉴于无法准确考察该公司股权分置改革第一次解禁限售股，对股票异常收益率产生的影响，因此将该上市公司剔除，与其类似的上市公司还有东方航空（600115.SH），该公司在限售股解禁之前，四次通过定向增发机构配售股解禁了部分股票。最后，海信科龙（000921.SZ）在股票分置改革第一次解禁的时间里停盘，因此也将其剔除。综上，在以上市公司股权分置改革之后限售股第一次解禁为研究事件的分析中，研究对象对25家双重上市公司的A股股票。

图4-4和表4-4是以上市公司股权分置改革之后限售股第一次解禁

交易日为研究事件的实证结果。上市公司在进行股权分置改革之后，限售股股票的第一次解禁，受到了广泛的关注。上市公司的限售A股解禁之后，股票的供给量增加，当股票的供给量增加时，股票价格会下降。鉴于上市公司会提前发布股票解禁的公告，如果投资者预期上市公司的股票价格会发生下跌，或者对上市公司的业绩和发展前景并不满意，则可以在解禁前期抛售该上市公司的股票；反之，则可以继续持有该上市公司股票。图4-4对上市公司A股股票的平均异常收益率和平均累计异常收益率进行考察，其中，粗的黑线表示平均异常收益率，细的黑线表示平均累计异常收益率。在事件日之前，股票的平均异常收益率波动较为平稳。研究事件的发生，即限售股解禁对股票市场造成了一定的冲击，从图4-4中看出，在事件日当天，A股的平均异常波动率，发生了显著的下降，说明上市公司限售股解禁公告的发布对投资者产生了重要影响，对股票前景不看好的投资者抛售股票，造成股票价格的下降。此外，在限售股解禁公告发布之后的两个交易日，股票的平均异常收益率也保持在低位，说明限售股解禁带给投资者的预期是股票价格将发生下跌，为了避免损失，投资者在限售股解禁之前已经开始调整自己的投资组合，转变投资策略。平均而言，限售股解禁公告发布之后的第三个交易日，限售股转变为流通股，在解禁当天，股票收益率并没有发生明显下跌，反而有所上升。表4-4是事件期内双重上市公司A股股票的平均异常收益率和平均累计异常收益率，表中的结论与图4-4是一致的，在限售股解禁公告发布之前，上市公司A股股票的平均异常收益率并没有明显变动，在限售股接近公告发布的当天，平均异常收益率为-0.874%，比事件日前一天显著下降，但在1%的置信水平下，并不是显著异于0的，但是在25家上市公司中，有19家上市公司的异常收益率是小于0的，说明在限售股解禁公告发布的当天，大部分上市公司都经历了负的异常收益率。在事件日之后的两个交易日，公司的平均异常收益率分别为-0.605%和-0.853%，但在1%的置信水平下，依然不是显著异于0的，结果表明，尽管在限售股解禁公告发布之后，股票的异常收益率发生了下降，但与股权分置改革后的首个交易日相比，并没有引起上市公司 A 股股票收益率的显著波动，市场对限售股解禁存在较为合理的预期，市场波动较为平稳。表 4-4 的第二部分是双重上市公司 A 股股票的平均累计异常收益率，对于不同的窗口期而言，平均累计异常收益率在 1% 的置信水平下，都不是显著异于 0 的，再次证实了上述结论。

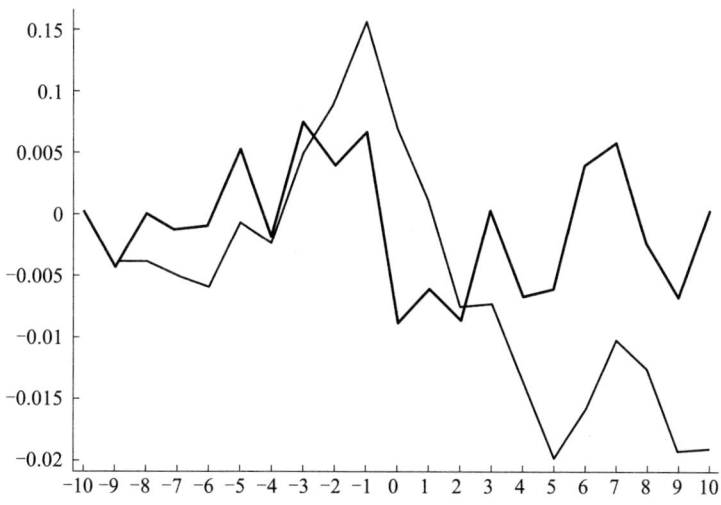

图 4-4　A 股平均异常收益率与平均累计异常收益率 3

表 4-4　　　　　　　　　　　A 股超额收益率 3

平均异常收益率（AAR）

事件期	-10	-9	-8	-7	-6	-5	-4
AAR（%）	0.032 (0.059)	-0.419 (-0.879)	0.007 (0.014)	-0.119 (-0.327)	-0.091 (-0.186)	0.530 (0.973)	-0.169 (-0.334)
事件期	-3	-2	-1	0	1	2	3
AAR（%）	0.738 (1.458)	0.403 (0.661)	0.666 (0.800)	-0.874 (-0.933)	-0.605 (-0.962)	-0.853 (-1.150)	0.038 (0.057)
事件期	4	5	6	7	8	9	10
AAR（%）	-0.671 (-0.898)	-0.607 (-1.667)	0.406 (0.816)	0.569 (0.930)	-0.235 (-0.482)	-0.666 (-1.025)	0.020 (0.035)

平均累计异常收益率（ACAR）

窗口期	(-1, 0)	(0, 1)	(-1, 1)	(-2, 2)	(-3, 3)	(-5, 5)	(-10, 10)
ACAR（%）	-0.208 (-0.153)	-1.479 (-1.084)	-0.813 (-0.491)	-1.263 (-0.582)	-0.487 (-0.221)	-1.404 (-0.555)	-1.90 (-0.541)

注：† $p<0.01$，** $p<0.05$，* $p<0.1$。

综上所述，在对 A 股股票市场的研究中，以上市公司股权分置改革之后的首个交易日，与以上市公司第一个解禁公告日作为研究事件，得到的结果有明显的不同。在上市公司股权分置改革之后的首个交易日，A 股的平均异常收益率显著为正，在事件窗口期内，累计异常收益率也都是显著为正的，说明股权分置改革对上市公司产生了显著地影响。而在上市公司第一次解禁的交易日，A 股的平均异常收益率尽管发生了下降，但并不是显著异于 0 的，事件窗口期内，A 股的累计异常收益率也并不是显著异于 0 的，说明市场对于限售股解禁的消息反应较为平稳。

4.3.2 股权分置改革对 H 股股票市场的影响

上文对股权分置改革对 A 股股票市场异常收益率的影响进行了分析，尽管 H 股股票市场与 A 股股票市场是分割的，但对双重上市公司而言，一方面，H 股股票的投资者对于股票所属上市公司的重大信息是关注的，鉴于 H 股股票投资者具有较高的投资判断力以及市场敏感度，A 股股票市场的股权分置改革是否会对 H 股股票市场产生影响，具有很大的研究价值。另一方面，A 股和 H 股股票市场是存在联动性的，A 股股票市场的重大事件在一定程度上对 H 股股票市场产生影响。在股权分置改革后的第一个交易日，H 股股票异常收益率的变动是否会受到 A 股股票市场的影响，限售股第一次解禁，是否会对 H 股股票的投资者产生影响，是接下来要考察的问题。对于 H 股股票市场的研究，依旧考虑以上两个重要事件，即上市公司 A 股股票股权分置改革之后的首个交易日，以及上市公司 A 股股票限售股第一次解禁的交易日。

在以股权分置改革后第一个交易日为事件的研究中，所选估计窗口期为 (-240,-121)，事件窗口期为 (-1,0)、(0,1)、(-1,1)、(-2,2)、(-3,3)、(-5,5)、(-10,10)。以上市公司 A 股股权分置改革后的第一个交易日为研究事件,需要特别指出的是,海信科龙(000921.SZ;00921.HK)H股在2005年6月17日开始停牌,2009年7月17日复牌,在中间的这段时间内没有交易,而海信科龙在2007年3月29日完成股权分置改革后,第一天上市交易,因此,在本书所研究的事件期内,海信科龙没有数据,将其剔除。此外,经纬纺机(000666.SZ;00350.HK)以及东方电气(600875.SH;01072.HK)的H股在A股股票股权分置改革后的第一个交易日都没有交易数据(相对应的A股股权分置改革后的第一个交易日为2006年6月19日和2006年4月17日),对于H股股票而言,如果在这个交易日没有数据,选择相邻的交易日替代,会在一定程度上影响研究结果,因此,也将以上两家上市公司剔除。最终,以A股股票股权分置改革后第一个交易日为研究事件的研究中,选取了27家双重上市公司的H股股票作为研究对象。图4-5和表4-5是以该事件为研究对象的实证结果,以相对应的A股股票股权分置改革后第一交易日为时间0,根据股票的交易日,向前或者向后计算估计窗口期和事件窗口期。样本包括27家上市公司H股股票在股权分置改革之后第一个交易日的前后21个交易日。

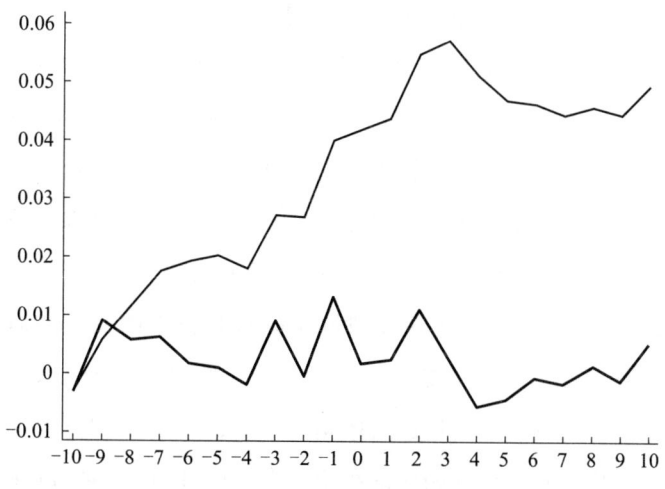

图4-5 H股平均异常收益率与平均累计异常收益率1

表 4-5　　　　　　　　　H 股超额收益率 1

平均异常收益率（AAR）

事件期	-10	-9	-8	-7	-6	-5	-4
AAR（%）	-0.326 (-0.6776)	0.892 (1.7351)	0.576 (1.2282)	0.617 (1.2307)	0.153 (0.3001)	0.090 (0.2361)	-0.206 (-0.6142)
事件期	-3	-2	-1	0	1	2	3
AAR（%）	0.915* (1.831)	-0.049 (-0.0856)	1.318* (1.7175)	0.175 (0.185)	0.240 (0.3664)	1.091* (1.9396)	0.236 (0.3407)
事件期	4	5	6	7	8	9	10
AAR（%）	-0.581 (-1.453)	-0.445 (-0.961)	-0.074 (-0.1682)	-0.180 (-0.4304)	0.135 (0.22)	-0.138 (-0.2282)	0.499 (1.1358)

平均累计异常收益率（ACAR）

窗口期	(-1, 0)	(0, 1)	(-1, 1)	(-2, 2)	(-3, 3)	(-5, 5)	(-10, 10)
ACAR（%）	1.493 (1.5825)	0.415 (0.5702)	1.733** (2.1025)	2.776† (4.273)	3.927† (6.3803)	2.785† (4.9311)	4.938† (9.9981)

注：† $p<0.01$，** $p<0.05$，* $p<0.1$。

图 4-5 对 H 股股票的平均异常收益率和平均累计异常收益率进行考察，其中，粗的黑线表示平均异常收益率，细的黑线表示平均累计异常收益率。通过观察，从事件日之前的四个交易日开始，H 股股票收益率出现较为明显的异常波动，事件日前一个交易日，上市公司股票的异常收益率上升，达到 21 个窗口期内异常收益率的最高值。在事件日，股票的异常收益率突然下降，此后两个交易日，异常收益率上升。对于 A 股股票而言，股权分置改革后的第一个交易日出现在停牌之后，而对于 H 股股票而言，并没有因为股权分置改革停牌，因此，在 A 股股权分置改革完成的前一个交易日，H 股股票市场已经对股权分置改革做出反应，事件日前一个交易日的平均异常收益率达到最大值。此外，在 27 家上市公司中，在事件日前一个交易日，有 20 家上市公司 H 股股票异常收益率的变动方向与事件日当天 A 股异常收益率的变动方向一致，说明 H 股股票市场的投资者预期是基本正确的，投资者已经根据已有的信息，判断出了股权分置改革后股票价格的变动趋势，并做出了相应的决策。在事件日当天，有 17 家上市公司 H 股股票异常收益率的变动方向与 A 股股票一致。以上结果表明，H 股股

票市场在 A 股股权分置改革完成的首个交易日之前，已经做出了反应，异常收益率的上升表明，市场对股权分置改革之后的预期是好的。表 4-5 是事件期内 27 家上市公司的平均异常收益率和平均累计异常收益率，在事件日之前，平均异常收益率基本不是显著的，在事件日前的第三个交易日和第一个交易日，平均异常收益率分别为 0.915% 和 1.318%，在 10% 的置信水平下，都是显著大于 0 的，说明投资者对于股票市场未来的发展形势是看好的。在事件日当天，平均异常收益率为 0.175%，但并不是显著异于 0 的，说明事件日之前，股票市场已经对股权分置改革完成做出了反应，在事件日当天，市场的反应已经趋于平稳。事件日之后，股票市场的异常收益率经历了短暂的上升，又趋于平稳。表 4-5 的第二部分是平均累计异常收益率，可以看出，(-1, 1)、(-2, 2)、(-3, 3)、(-5, 5) 以及 (-10, 10) 窗口期的平均异常收益率分别为 1.733%、2.776%、3.927%、2.785% 以及 4.938%，在 5% 的置信水平下，都是显著大于 0 的，说明股权分置改革对 H 股股票市场的整体影响还是正向的，股权分置改革既对 A 股股票市场产生了影响，也对 H 股股票市场产生了影响。

下面以上市公司 A 股股票限售股第一次解禁的交易日作为研究事件，对 H 股股票市场进行研究。在上文对 A 股股票的研究中，经过筛选，研究对象确定为 25 家双重上市公司的 A 股股票，对于以上 25 家上市公司而言，在其 A 股股票限售股第一次解禁的当天，有三家上市公司 H 股股票没有交易数据，这三家上市公司分别为中兴通讯（000063.SZ）、东北电气（000585.SZ）以及中海发展（600026.SH）。因此，在对 H 股股票进行研究的过程中，将以上三家上市公司进行剔除，最终的研究对象为 22 家上市公司的 H 股股票。

图 4-6 和表 4-6 是 H 股平均异常收益率和平均累计异常收益率的变动图，其中，粗的黑线表示平均异常收益率，细的黑线表示平均累计异常收益率。上市公司限售 A 股解禁，将使 A 股股票的供给量突然增加，当股票的供给量增加时，A 股股票价格会下降，股票的异常收益率受到影响。

鉴于上市公司会提前发布股票解禁的公告，如果 A 股投资者预期价格会下跌，则可以在解禁前期抛售该上市公司的股票，而 H 股股票投资者也可以从股票解禁的公告中获得信息，进而做出自己的投资决策。总体来看，H 股股票在 A 股股票解禁公告日前后，波动较为平稳。在事件日之前两个交易日，H 股股票的平均异常收益率发生小幅下跌，但在事件日之前又有所回升。在事件日当天，H 股股票的异常收益率只发生小幅度下降，在事件日之后的两个交易日，依旧保持着下降趋势。上述结果表明，H 股股票市场对 A 股股票市场解禁反应较为平稳。表 4-6 的第二部分是平均累计异常收益率，对于平均累计异常收益率而言，所有窗口期的累计平均异常收益率不是显著异于 0 的，说明 A 股股票市场股权分置改革之后第一个解禁日对 H 股股票市场的整体影响是不大的。表 4-6 的第二部分是平均累计异常收益率，可以看出，(-1, 1)、(-2, 2)、(-3, 3)、(-5, 5) 以及 (-10, 10) 窗口期的平均异常收益率分别为 -0.7383%、2.6878%、-3.5580%、-4.0445% 以及 -5.01450%，在 10% 的置信水平下，只有 (-3, 3)、(-5, 5) 两个窗口期内的累计异常收益率是显著大于 0 的。说明在 A 股股票限售股第一次解禁的交易日，H 股股票市场受到的影响很小。

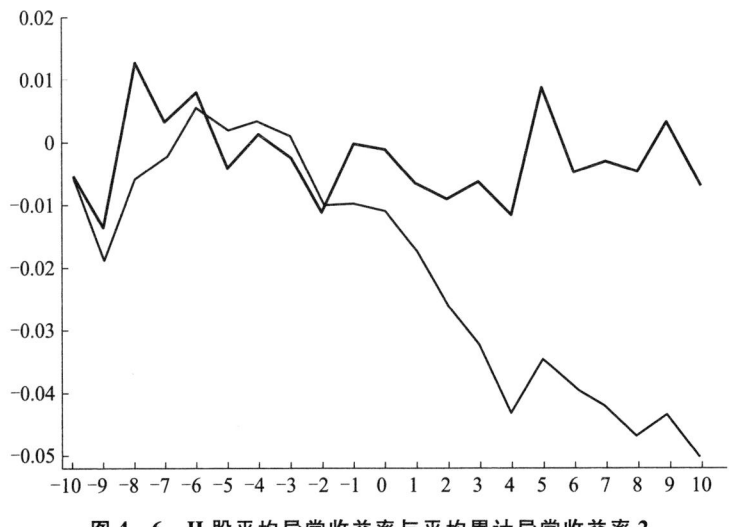

图 4-6　H 股平均异常收益率与平均累计异常收益率 2

表 4-6　　　　　　　　H 股超额收益率 2

平均异常收益率（AAR）

事件期	-10	-9	-8	-7	-6	-5	-4
AAR（%）	-0.518 (-0.996)	-1.352 (-2.560)	1.300 (2.461)	0.348 (0.696)	0.813 (1.581)	-0.378 (-0.790)	0.134 (0.210)
事件期	-3	-2	-1	0	1	2	3
AAR（%）	-0.238 (-0.400)	-1.076 (-1.690)	-0.001 (-0.002)	-0.111 (-0.135)	-0.626 (-1.157)	-0.874 (-1.326)	-0.238 (-0.400)
事件期	4	5	6	7	8	9	10
AAR（%）	-0.632 (-1.048)	-1.118 (-1.995)	0.875 (1.256)	-0.448 (-0.916)	-0.307 (-0.455)	-0.441 (-0.678)	0.317 (0.502)

平均累计异常收益率（ACAR）

窗口期	(-1, 0)	(0, 1)	(-1, 1)	(-2, 2)	(-3, 3)	(-5, 5)	(-10, 10)
ACAR（%）	-0.112 (-0.090)	-0.737 (-0.090)	-0.738 (-0.550)	-2.688 (-1.481)	-3.558* (-1.888)	-4.045* (-1.804)	-5.014 (-1.609)

注：† $p<0.01$，** $p<0.05$，* $p<0.1$。

综上所述，在对 H 股股票市场的研究中，以上市公司股权分置改革之后的首个交易日，以及以上市公司第一个解禁交易日作为研究事件，得到的结果存在差异。在上市公司股权分置改革之后首个交易日之前的交易日，H 股的平均异常收益率显著为正，对于 A 股股票而言，股权分置改革后的第一个交易日出现在停牌之后，而对于 H 股股票而言，并没有因为股权分置改革停牌，因此，在 A 股股权分置改革完成的前一个交易日，H 股股票市场已经对股权分置改革做出反应。在事件窗口期内，累计异常收益率也都是显著为正的，说明股权分置改革对 H 股产生了一定的影响。而第二个事件，即以上市公司第一个解禁交易日为研究事件，H 股股票基本没有受到明显的影响，说明 A 股股票限售股的解禁对 H 股股票市场的影响非常小。

4.4　本章小结

本章首先对股权分置改革进行了介绍，并对股权分置改革背景下研究两地上市公司股票价格差异的重要性进行了分析。股权分置改革之后，近2/3的非流通股逐步转换为流通股，A股股票市场估值更为合理。本章对股权分置改革过程中的两个重要事件——上市公司股权分置改革之后的首个交易日，以及上市公司第一个解禁日进行分析，观察A股和H股股票市场的反应，考察股权分置改革中的重要事件对股票市场产生的影响，运用事件研究法，所得结论如下：

第一，在对A股股票市场的研究中，两个事件发生时，A股股票市场的反应存在明显的差异。在上市公司股权分置改革之后的首个交易日，A股的平均异常收益率显著为正，在事件窗口期内，累计异常收益率也显著为正，说明股权分置改革对上市公司产生了显著地影响。而在上市公司第一个解禁交易日，尽管A股股票的平均异常收益率发生了下降，但并不是显著异于0的，事件窗口期内，A股的累计异常收益率也并不是显著异于0的，说明市场对于限售股解禁的消息反应较为平稳。

第二，在对H股股票市场的研究中，两个重要事件对H股股票产生的影响也存在差异。在上市公司股权分置改革之后首个交易日之前的一个交易日，H股的平均异常收益率显著为正，说明在上市公司股票分置改革完成之前，H股股票市场已经对股权分置改革做出反应。在上市公司第一个解禁交易日，H股股票市场基本没有受到影响，说明H股股票市场对于A股限售股的解禁反应也较为平稳。

第 5 章

双重上市公司股票与市场联动性研究

5.1 研究目的与研究思路

Garbade 和 Silber（1979）对在纽约证券交易所，以及中西部证券交易所等区域性证券交易所同时上市的股票进行研究，他们提出了主导市场（Dominant Market）和卫星市场（Satellite Market）的概念并指出，尽管纽约证券交易所是主导市场，但区域性证券交易所并不是完全的卫星市场，纽约证券交易所的股票价格，仍然受到卫星市场股票价格的影响。Hasbrouck（1995）对 Garbade 和 Silber（1979）的研究进行扩展，对在纽约证券交易所和多个区域性证券交易所多重上市的上市公司进行研究，结果表明，股票价格的变动同时受到多个证券市场的影响，但纽约证券交易所占主导作用。Froot 和 Dabora（1999）以双重上市公司的股票价格为研究对象，他们发现，股票价格与证券交易所所在地密切相关，股票价格的变动，更多地受到股票交易量较大的证券市场的影响。Kim、Szakmary 和 Mathur（2000）对 ADR 价格的影响因素进行研究，他们发现，尽管母国证券价格是影响 ADR 价格的重要因素，美国证券市场指数也对 ADR 价格产生了重要的影响。Chan、Hameed 和 Lau（2003）以 1994 年在香港证券交易所退市的亚洲集团企业怡和集团为研究对象，怡和集团在香港证券交易所退市后，将旗下的几家公司在新加坡证券交易所重新上市，由此形成了企业主要业务集中在香港和中国大陆，但上市地在新加坡。研究结果表明，怡和集团在香港退市，并在新加坡上市之后，其股票价格与新加坡证券市场的联动性增强，与香港证券市场的联动性减弱，股票价格的变动主要受到股票上市地投资者情绪的影响。Wang和Jiang（2004）对中国A股和H股与内地和香港两地证券市场之间的联动关系进行分析，他们指出，H股股票收益率受到两地股票市场收益率变动的影响，但A股股票收益率仅受到内地股票市场收益率变动的影响。

A股股票供我国境内的各个机构、组织或者个人（不含港、澳、台投资者）以人民币认购，H股股票供香港和境外投资者以港币认购，本书的研究对象为我国A+H双重上市公司，其特殊性在于，A股和H股股票在不同的证券交易所上市交易，股票的投资者不同，公司面临的上市要求以及证券交易所的交易规则也存在差异。在此背景下，对于A+H双重上市公司而言，A股和H股股票收益率的变动，与内地、香港两地股票市场收益率的变动之间，存在怎样的联动关系，成为本章研究的重点。在本章中，首先，对样本的选择、数据来源及数据处理方式进行说明。其次，对A股和H股股票收益率，与两地股票市场收益率之间的联动关系进行分析。鉴于A股和H股股票市场存在市场分割现象，A股和H股股票收益率的变动，是否与内地、香港证券市场收益率的变动存在密切关系。由于上市地点的差别，A股（H股）股票是否更易受到内地（香港）股票市场变动的影响。在以上分析中，同时考虑汇率变动在其中的作用；此外，本章在股权分置改革的背景下，对上述问题进行分析。股权分置改革之后，A股股票市场的股票逐渐实现自由流通，在此过程中，A股和H股的股票收益率，与两地股票市场收益率变动之间的联动关系，是否发生了改变。

5.2 样本选择与数据说明

本章的研究对象，是在内地和香港股票市场同时上市的A+H双重上市公司。截至 2015 年 12 月 31 日，我国共有 88 家上市公司实现了 A 股和 H 股双重上市。在以上 88 家 A+H 双重上市公司中，有 42 家上市公司参与了股权分置改革，但是，有 12 家上市公司，在香港证券交易所的上市时间，晚于该上市公司 A 股参与股权分置改革的时间，因此，无法对股权分置改革在以上 12 家上市公司股票价格差异变动中的作用进行分析。对于剩余 30 家双重上市公司，则可以利用股权分置改革前后的数据，进行相关分析。因此，本书最终确定的研究对象，为 30 家 A+H 双重上市公司（见表 5-1）。

表 5-1　　　　　　　　双重上市公司概况

A 股股票代码	H 股股票代码	证券简称	A 股上市日期	H 股上市日期
000063.SZ	00763.HK	中兴通讯	1997/11//18	2004/12//09
000585.SZ	00042.HK	东北电气	1995/12/13	1995/07//06
000666.SZ	00350.HK	经纬纺机	1996/12//10	1996/02//02
000756.SZ	00719.HK	新华制药	1997/08//06	1996/12//31
000898.SZ	00347.HK	鞍钢股份	1997/12//25	1997/07//24
000921.SZ	00921.HK	海信科龙	1999/07//13	1996/07//23
600011.SH	00902.HK	华能国际	2001/12//06	1998/01//21
600012.SH	00995.HK	皖通高速	2003/01//07	1996/11//13
600026.SH	01138.HK	中海发展	2002/05//23	1994/11//11
600027.SH	01071.HK	华电国际	2005/02//03	1999/06//30
600028.SH	00386.HK	中国石化	2001/08//08	2000/10//19
600029.SH	01055.HK	南方航空	2003/07//25	1997/07//31
600115.SH	00670.HK	东方航空	1997/11//05	1997/02//05
600188.SH	01171.HK	兖州煤业	1998/07//01	1998/04//01
600332.SH	00874.HK	白云山	2001/02//06	1997/10//30
600362.SH	00358.HK	江西铜业	2002/01//11	1997/06//12
600377.SH	00177.HK	宁沪高速	2001/01//16	1997/06//27
600548.SH	00548.HK	深高速	2001/12//25	1997/03//12
600585.SH	00914.HK	海螺水泥	2002/02//07	1997/10//21
600600.SH	00168.HK	青岛啤酒	1993/08//27	1993/07//15
600685.SH	00317.HK	中船防务	1993/10//28	1993/08//06

续表

A股股票代码	H股股票代码	证券简称	A股上市日期	H股上市日期
600688.SH	00338.HK	上海石化	1993/11//08	1993/07//26
600775.SH	00553.HK	南京熊猫	1996/11//18	1996/05//02
600806.SH	00300.HK	昆明机床	1994/01//03	1993/12//07
600808.SH	00323.HK	马钢股份	1994/01//06	1993/11//03
600860.SH	00187.HK	京城股份	1994/05//06	1993/08//06
600871.SH	01033.HK	石化油服	1995/04//11	1994/03//29
600874.SH	01065.HK	创业环保	1995/06//30	1994/05//17
600875.SH	01072.HK	东方电气	1995/10//10	1994/06//06
600876.SH	01108.HK	洛阳玻璃	1995/10//31	1994/07//08

数据来源：Wind资讯。

本章选取A股和H股股票市场的日度数据，研究中用到的指标，包括两地股票市场的股票价格、两地股票市场的大盘指数以及人民币兑港币的汇率。A股和H股的收盘价格，内地和香港证券市场的大盘指数（上证综合指数、深圳成分指数和恒生指数）以及汇率的数据均来源于Wind数据库，并经过Bloomberg数据库和CSMAR（国泰安）数据库进行核查。需要特别指出的是，本书对A股和H股的股票收益率计算方式如下：

$$r_{i,t}^A = \frac{P_{i,t}^A(1 + F_{i,t}^A + S_{i,t}^A) * C_{i,t}^A + D_{i,t}^A}{P_{i,t-1}^A + C_{i,t}^A * S_{i,t}^A * K_{i,t}^A} - 1 \quad (5.1)$$

$$r_{i,t}^H = \frac{P_{i,t}^H(1 + F_{i,t}^H + S_{i,t}^H) * C_{i,t}^H + D_{i,t}^H}{P_{i,t-1}^H + C_{i,t}^H * S_{i,t}^H * K_{i,t}^H} - 1 \quad (5.2)$$

其中，$P_{i,t}^A$（$P_{i,t}^H$）是A股和H股股票在时间t的收盘价格，A股股票以人民币计价，H股股票以港币计价。$D_{i,t}^A$（$D_{i,t}^H$）是A股和H股在时间t的现金红利，鉴于现金红利以人民币标价，在计算H股股票的现金红利时，根据当日汇率将人民币折算成港币之后，加以计算。$F_{i,t}^A$（$F_{i,t}^H$）是A股和H股在时间t的每股红股数，$S_{i,t}^A$（$S_{i,t}^H$）是A股和H股在时间t的每股配股数。$K_{i,t}^A$（$K_{i,t}^H$）是A股和H股在时间t的每股配股价，$C_{i,t}^A$（$C_{i,t}^H$）是A股和H股在时间t的每股拆细数。

5.3 实证研究设计及结果分析

5.3.1 实证研究设计

实证分析主要包括两部分，目的在于探究 A 股（H 股）股票收益率与内地、香港两地股票市场收益率之间的联动关系，以及考察股权分置改革前后，他们之间的联动关系是否发生改变，即检验股权分置改革在其中所起的作用。

实证分析的第一部分，主要考察 A 股（H 股）股票收益率与内地、香港两地证券市场收益率之间的联动关系。具体而言，在实证分析中，分别对 A 股（H 股）股票收益率与两地股票市场收益率之间的关系进行检验，为了控制汇率变动的影响，在控制变量中，本书加入人民币兑港币的汇率变动，模型设定如下：

$$r_{i,t}^A = \alpha_{1,i}^A + \beta_{1,i}^A SI_t + \beta_{2,i}^A HI_t + \beta_{3,i}^A \Delta e_t + \varepsilon_{i,t}^A \quad (5.3)$$

$$r_{i,t}^H = \alpha_{1,i}^H + \beta_{1,i}^H SI_t + \beta_{2,i}^H HI_t + \beta_{3,i}^H \Delta e_t + \varepsilon_{i,t}^H \quad (5.4)$$

其中，$r_{i,t}^A$（$r_{i,t}^H$）分别是第 i 个上市公司 A 股和 H 股在时间 t 的收益率，SI_t 分别对应上证综合指数或者深圳成分指数在时间 t 的收益率，HI_t 为恒生指数在时间 t 的收益率，Δe_t 为人民币兑港币汇率变动的百分比。

本章参考 Dimson（1979）以及 Wang 和 Jiang（2004）的研究，为了减少由于股票交易量较少，以及内地和香港证券市场交易时间的差异对系数造成的影响，在以上模型的基础上，做如下改进，并与上述模型设定的结果进行对比分析：

$$r_{i,t}^A = \alpha_{1,i}^A + \sum_{-k}^{k} \beta_{1,i,k}^A SI_{t-k} + \sum_{-k}^{k} \beta_{2,i,k}^A HI_{t-k} + \beta_{3,i}^A \Delta e_t + \varepsilon_{i,t}^A$$

$$(5.5)$$

$$r_{i,t}^{H} = \alpha_{1,i}^{H} + \sum_{-k}^{k}\beta_{1,i,k}^{H}SI_{t-k} + \sum_{-k}^{k}\beta_{2,i,k}^{H}HI_{t-k} + \beta_{3,i}^{H}\Delta e_{t} + \varepsilon_{i,t}^{H}$$

(5.6)

$$\begin{cases} \hat{\beta}_{1,i}^{A} = \sum_{-k}^{k}\hat{\beta}_{1,i,k}^{A}, \hat{\beta}_{2,i}^{A} = \sum_{-k}^{k}\hat{\beta}_{2,i,k}^{A} \\ \hat{\beta}_{1,i}^{H} = \sum_{-k}^{k}\hat{\beta}_{1,i,k}^{H}, \hat{\beta}_{2,i}^{H} = \sum_{-k}^{k}\hat{\beta}_{2,i,k}^{H} \end{cases}$$

(5.7)

在下文的实证分析中，选取证券市场收益率的滞后一期、当期以及未来一期的数据进行分析，即假定 k=1[①]。在模型的估计中，采用广义矩估计（GMM）的方法进行分析，目的在于降低异方差和自相关造成的结果偏倚。

实证分析的第二部分，主要考察股权分置改革在 A 股（H 股）股票收益率，与内地、香港两地股票市场收益率的联动关系中所起的作用。在下文中，分别对两地股票市场的时间序列数据以及面板数据进行分析。首先，在（5.3）式和（5.4）式的基础上，加入表示股权分置改革的虚拟变量：

$$r_{i,t}^{A} = \alpha_{1,i}^{A} + \beta_{1,i}^{A}SI_{t} + \beta_{2,i}^{A}HI_{t} + \beta_{3,i}^{A}\Delta e_{t} + \beta_{4,i}^{A}D_{i,t}*SI_{t} + \beta_{5,i}^{A}D_{i,t}*HI_{t} + \varepsilon_{i,t}^{A}$$

(5.8)

$$r_{i,t}^{H} = \alpha_{1,i}^{H} + \beta_{1,i}^{H}SI_{t} + \beta_{2,i}^{H}HI_{t} + \beta_{3,i}^{H}\Delta e_{t} + \beta_{4,i}^{H}D_{i,t}*SI_{t} + \beta_{5,i}^{H}D_{i,t}*HI_{t} + \varepsilon_{i,t}^{H}$$

(5.9)

其中，D_t 表示股权分置改革的虚拟变量，股权分置改革之前，$D_t=0$，股权分置改革之后，$D_t=1$，其他变量的设定与前文相同，不再赘述。通过对每个上市公司股票市场时间序列数据的考察，探究股权分置改革在 A 股（H 股）股票收益率，与内地、香港两地股票市场收益率的联动关系中所起的作用。

---

① 通过 AIC 以及 BIC 准则，对股票市场收益率的滞后阶数进行选择，高阶项并没有显著异于 0。

其次，使用上述模型，对 A + H 双重上市公司的面板数据进行分析，依然使用虚拟变量代替股权分置改革，并构造股权分置改革与两地股票市场收益率之间的交叉项。目的在于考察股权分置改革是否对 A 股（H 股）股票收益率的变动产生了影响，同时对时间序列数据的分析结果进行检验。

5.3.2　实证结果分析 I

实证分析的第一部分，考察 A 股和 H 股的股票收益率，与内地、香港两地证券市场收益率之间的联动关系。根据上文的设定，选取 2000 年 1 月 1 日至 2015 年 12 月 31 日股票市场的日度数据进行研究，具体分析如下。

表 5-2 是根据（5.3）式和（5.4）式的设定，对只包含两地股票市场收益率当期值进行分析的结果，回归采用广义矩估计（GMM）的方法。观察可知，在 1% 的置信水平下，A 股的股票收益率受到 A 股股票市场收益率的显著影响，$\beta_{1,i}^A$ 的平均值为 1.0682，显著为正。对于公司主要业务，以及公司上市地均在中国内地的上市公司而言，A 股的股票收益率受到内地证券市场收益率的显著正向影响，是符合预期的。随着内地证券市场收益率的增加，A 股的股票收益率也在增加。另外，A 股的股票收益率与香港证券市场收益率之间的关系是混合的，在 1% 的显著性水平下，在 30 家双重上市公司中，只有 7 家上市公司 A 股股票的收益率，受到香港证券市场收益率变动的显著影响，在 10% 的置信水平下，也只有 12 家上市公司受到显著影响。其中，在 1% 的置信水平下，有 5 家上市公司受到香港证券市场收益率变动的负向影响，系数 $\beta_{2,i}^A$ 显著为负，其余 2 家上市公司，$\beta_{2,i}^A$ 显著为正，说明香港证券市场对 A 股的股票收益率影响不是一致的。而对于大部分上市公司而言，A 股的股票收益率的变动，并不受香港证券市场收益率变动的影响。此外，在 10% 的置信水平下，30 家双重上市公司

中，只有 4 家上市公司受到汇率变动的影响，且系数有正有负，原因在于，港币盯住美元，实行联系汇率制度，而人民币也盯住美元只进行小幅波动，因此，汇率变动对 A 股的股票收益率的影响十分有限。在 $\beta_{1,i}^A = \beta_{2,i}^A$ 的检验中，t 检验的结果表明，上海证券市场收益率和香港证券市场收益率对 A 股的股票收益率的影响存在显著差异，这与上述结果是一致的。对于 A 股的股票收益率而言，内地证券市场收益率的变动对其影响显著，且影响程度远远大于香港证券市场对 A 股的股票收益率的影响。表 5-2 的右半部分是 H 股的股票收益率回归结果，对于所有 H 股的股票收益率而言，在 1% 的置信水平下，香港证券市场收益率对 H 股股票收益率的影响都是显著为正的。需要指出的是，在 1% 的置信水平下，上海证券市场收益率对 H 股股票收益率的影响也是显著为正的，但香港证券市场收益率对 H 股的股票收益率的影响，远远大于上海证券市场收益率对其产生的影响。在 30 家双重上市公司中，$\beta_{1,i}^H$ 的平均值是 0.3010，而 $\beta_{2,i}^H$ 的平均值是 0.8950，此外，在 $\beta_{1,i}^H = \beta_{2,i}^H$ 的检验中，在 1% 的置信水平下，均拒绝了 $\beta_{1,i}^H = \beta_{2,i}^H$ 的原假设，说明香港证券市场收益率对 H 股的股票收益率产生了更大的影响，H 股股票的变动与香港证券市场中的股票更相似。鉴于 H 股的股票收益率也受到了上海证券市场收益率变动的显著影响，香港以及境外投资者依旧可以将 H 股股票作为规避风险的工具。

表 5-3 根据（5.5）式和（5.6）式的设定，对包含股票市场收益率的滞后一期、当期以及未来一期的情形进行分析，依旧采用广义矩估计（GMM）方法进行估计。具体而言，在表 5-3 中，首先，A 股的股票收益率受到内地证券市场收益率的显著影响，$\beta_{1,i}^A$ 在 1% 的置信水平下均显著为正，这与上文结果是一致的，表明 A 股的股票收益率受到内地证券市场收益率的影响是稳健的。当上市公司的上市地点与业务开展和经营的地点相同时，股票收益率受到当地证券市场收益率变动的显著影响。其次，A 股的股票收益率与香港证券市场收益率的关系是混合的：一方面，在 1% 的置信水平下，在 30 家双重上市公司中，只有 5 家上市公司受到 H 股股票市

表 5-2　市场指数回归结果 1

A股股票代码	A 股				H 股			
	$\beta_{1,i}^A$	$\beta_{2,i}^A$	$\beta_{3,i}^A$	H0: $\beta_{1,i}^A = \beta_{2,i}^A$	$\beta_{1,i}^H$	$\beta_{2,i}^H$	$\beta_{3,i}^H$	H0: $\beta_{1,i}^H = \beta_{2,i}^H$
000063.SZ	0.8876† (31.2646)	-0.0166 (-0.4342)	0.2120 (0.5767)	0.9042† (15.95)	0.2297† (6.6963)	0.8401† (12.7054)	0.1882 (0.4418)	-0.6604† (-7.1)
000585.SZ	0.9194† (25.932)	-0.0078 (-0.2502)	0.4684 (1.0726)	0.9273† (17)	0.4245† (8.6922)	0.9715† (14.5119)	0.37 (0.5078)	-0.4534† (-4.53)
000666.SZ	1.0679† (40.7873)	-0.0338 (-1.1763)	0.1542 (0.3533)	1.1017† (24.2)	0.3324† (9.816)	0.7089† (15.4734)	-0.3928 (-0.6706)	-0.3599† (-5.12)
000756.SZ	0.9654† (36.2855)	-0.0681** (-2.365)	0.4558 (1.0168)	1.0335† (22.72)	0.3408† (10.6019)	0.6302† (14.7459)	0.2156 (0.4302)	-0.2197† (-3.36)
000898.SZ	0.9986† (47.1646)	0.1202† (4.7895)	-0.2220 (-0.7219)	0.8784† (22.98)	0.2951† (9.7446)	1.2240† (23.2828)	0.5562 (1.2453)	-0.8948† (-12.15)
000921.SZ	0.8577† (28.9183)	-0.0389 (-1.2914)	-0.3152 (-0.8902)	0.8966† (19.18)	0.2749† (5.843)	0.7912† (12.2286)	0.5238 (0.9365)	-0.4977† (-5.32)
600011.SH	0.9894† (36.702)	-0.0874† (-3.0304)	-0.5396* (-1.7552)	1.0768† (23.53)	0.1104† (3.9417)	0.7731† (20.9172)	0.2757 (0.8725)	-0.6627† (-12.09)
600012.SH	0.9814† (34.0347)	-0.0811† (-3.1705)	0.0928 (0.2648)	1.0625† (23.21)	0.136† (4.2361)	0.5075† (10.5499)	-0.395 (-1.0847)	-0.3715† (-5.41)
600026.SH	1.2744† (41.4716)	0.03 (0.7431)	-0.0657 (-0.1586)	1.2444† (19.45)	0.2394† (5.7944)	1.489† (21.4729)	-0.0531 (-0.1013)	-1.2495† (-13.77)
600027.SH	1.0839† (30.108)	-0.1301† (-3.7312)	0.4404 (1.285)	1.214† (19.79)	0.2211† (5.4411)	0.7635† (13.6549)	0.5018 (1.213)	-0.5424† (-6.6)
600028.SH	1.0088† (42.6936)	0.0254 (1.0682)	-0.1513 (-0.551)	0.9834† (24.26)	0.1433† (7.1865)	1.0816† (36.3304)	-0.1577 (-0.5239)	-0.9383† (-22.25)

续表

A股股票代码	A 股				H 股			
	$\beta_{1,i}^A$	$\beta_{2,i}^A$	$\beta_{3,i}^A$	H0: $\beta_{1,i}^A = \beta_{2,i}^A$	$\beta_{1,i}^H$	$\beta_{2,i}^H$	$\beta_{3,i}^H$	H0: $\beta_{1,i}^H = \beta_{2,i}^H$
600029. SH	1.2228† (31.6385)	−0.0875** (−2.1326)	−0.9534** (−1.9938)	1.3102† (19.21)	0.3298† (7.798)	0.8967† (16.8436)	−0.4636 (−0.4407)	−0.5669† (−6.88)
600115. SH	1.1355† (28.1938)	−0.043 (−1.1694)	−0.6947 (−1.2879)	1.1785† (17.99)	0.3107† (7.4107)	0.8658† (15.5819)	−0.3476 (−0.3472)	−0.5551† (−6.72)
600188. SH	1.264† (47.4607)	0.018 (0.6428)	−0.5442 (−1.2496)	1.246† (27.76)	0.215† (6.5927)	1.2302† (24.9267)	−0.3913 (−0.7844)	−1.0152† (−14.87)
600332. SH	1.0809† (35.1262)	−0.0543* (−1.8237)	0.1057 (0.2706)	1.1352† (22.66)	0.3452† (9.5921)	0.5659† (12.3424)	−0.0173 (−0.0406)	−0.2207† (−3.23)
600362. SH	1.3171† (30.9579)	0.0665 (1.5592)	−0.1259 (−0.2893)	1.2507† (18.18)	0.2837† (8.7778)	1.3603† (17.5304)	0.0283 (0.07)	−1.0766† (−11.08)
600377. SH	0.8† (34.9791)	0.0068 (0.2997)	−0.1086 (−0.4269)	0.7932† (21.81)	0.0918† (3.6077)	0.7682† (15.9777)	0.0571 (0.1939)	−0.6764† (−10.42)
600548. SH	0.9837† (34.1601)	−0.0442 (−1.2081)	−0.2984 (−1.0267)	1.0278† (18.81)	0.1403† (5.526)	0.6786† (19.4531)	−0.1715 (−0.5699)	−0.5382† (−10.61)
600548. SH	0.9837† (34.1601)	−0.0442 (−1.2081)	−0.2984 (−1.0267)	1.0278† (18.81)	0.1403† (5.526)	0.6786† (19.4531)	−0.1715 (−0.570)	−0.5382† (−10.61)
600585. SH	0.9869† (27.9704)	0.2446† (5.9188)	0.091 (0.2537)	0.7423† (10.77)	0.2906† (6.9157)	1.1802† (19.7233)	0.4843 (1.2895)	−0.8896† (−10.45)
600600. SH	0.85† (35.2981)	−0.0287 (−1.2138)	0.1381 (0.4595)	0.8786† (22.46)	0.1484† (5.2668)	0.6718† (16.4537)	−0.3314 (−0.904)	−0.5233† (−9)
600685. SH	1.3124† (42.9013)	−0.009 (−0.2849)	0.8017 (1.1463)	1.3214† (25.46)	0.4393† (9.8564)	0.947† (16.2376)	0.1948 (0.3513)	−0.5077† (−5.9)

续表

A股股票代码	A 股				H 股			
	$\beta_{1,i}^A$	$\beta_{2,i}^A$	$\beta_{3,i}^A$	H0: $\beta_{1,i}^A = \beta_{2,i}^A$	$\beta_{1,i}^H$	$\beta_{2,i}^H$	$\beta_{3,i}^H$	H0: $\beta_{1,i}^H = \beta_{2,i}^H$
600688.SH	0.9386† (30.8555)	−0.068** (−2.3319)	0.1553 (0.3949)	1.0066† (20.46)	0.3046† (8.7099)	1.0194† (23.4106)	−0.2731 (−0.630)	−0.7148† (−11.11)
600775.SH	1.1424† (33.5374)	−0.0048 (−0.1347)	0.2795 (0.4952)	1.1471† (20.04)	0.3905† (9.0135)	0.9403† (16.1875)	0.567 (0.9647)	−0.5498† (−6.33)
600806.SH	1.3302† (31.5561)	−0.1108† (−2.8156)	−0.1156 (−0.2345)	1.441† (20.14)	0.4946† (10.404)	0.7223† (13.5879)	0.1627 (0.2783)	−0.2278† (−2.74)
600808.SH	1.1102† (44.9421)	0.0055 (0.2058)	0.5061* (1.6901)	1.1047† (25.71)	0.3433† (8.6086)	1.1477† (21.9391)	0.8347 (1.8167)	−0.8044† (−10.93)
600860.SH	1.1108† (30.7085)	−0.0678* (−2.0136)	−0.443 (−0.8433)	1.1786† (20.33)	0.3442† (8.03)	0.5774† (11.7118)	−1.0461 (−1.44)	−0.2333† (−3.06)
600871.SH	0.9913† (30.8368)	−0.1042† (−3.7564)	0.2369 (0.4295)	1.0955† (22.34)	0.3892† (9.0344)	0.885† (16.9416)	0.2958 (0.57)	−0.4958† (−6.26)
600874.SH	1.1431† (39.7198)	−0.0431 (−1.3153)	0.2752 (0.7204)	1.1862† (23.3)	0.3869† (11.189)	0.8051† (18.1406)	−0.3946 (−0.872)	−0.4182† (−6.39)
600875.SH	1.2045† (40.5472)	−0.0502 (−1.602)	−0.0295 (−0.0761)	1.2547† (24.49)	0.3773† (9.1792)	0.8381† (13.9278)	0.2578 (0.5689)	−0.4607† (−5.63)
600876.SH	1.0859† (23.7173)	−0.0685 (−1.4942)	2.3337† (3.1335)	1.1545† (15.39)	0.6555† (8.2332)	0.9705† (12.476)	1.7586* (1.84)	−0.315† (−2.76)

注：† $p<0.01$，** $p<0.05$，* $p<0.1$，括号中 t 值经过稳健标准差计算所得。

表 5-3 市场指数回归结果 2

A股股票代码	A 股				H 股			
	$\beta_{1,i}^A$	$\beta_{2,i}^A$	$\beta_{3,i}^A$	H0: $\beta_{1,i}^A = \beta_{2,i}^A$	$\beta_{1,i}^H$	$\beta_{2,i}^H$	$\beta_{3,i}^H$	H0: $\beta_{1,i}^H = \beta_{2,i}^H$
000063.SZ	0.8093† (15.0636)	-0.0112 (-0.1385)	0.2374 (0.6522)	0.8205† (7.28)	0.1794 (2.8391)	0.8813† (9.0559)	0.2132 (0.5014)	-0.7019† (-5.13)
000585.SZ	0.9872† (16.5494)	-0.1422** (-2.4441)	0.3773 (0.8749)	1.1295† (11.99)	0.506 (5.1259)	0.8642† (6.9784)	0.2942 (0.3935)	-0.3582** (-2.12)
000666.SZ	1.0099† (19.6854)	-0.0727 (-1.3881)	0.1574 (0.3611)	1.0826† (13.14)	0.395 (6.4367)	0.7340† (9.2069)	-0.3902 (-0.668)	-0.3390† (-3)
000756.SZ	0.8906† (16.0583)	-0.1325** (-2.5186)	0.4125 (0.9216)	1.0232† (11.67)	0.345 (5.7208)	0.6291† (8.1256)	0.2102 (0.4171)	-0.2841† (-2.6)
000898.SZ	1.0085† (24.8914)	0.1656† (3.7645)	-0.2074 (-0.6753)	0.8430† (12.86)	0.4722 (8.0981)	1.2636† (12.4429)	0.5181 (1.1659)	-0.7914† (-5.86)
000921.SZ	0.9393† (17.2603)	-0.0593 (-1.1107)	-0.3606 (-1.0245)	0.9986† (11.94)	0.449 (5.3705)	0.8564† (6.8893)	0.4241 (0.7577)	-0.4073** (-2.31)
600011.SH	0.9215† (14.0646)	-0.0113 (-0.1421)	-0.4999 (-1.6077)	0.9328† (7.23)	0.2216† (3.8765)	0.729† (10.4911)	0.2365 (0.7476)	-0.5075† (-4.78)
600012.SH	1.0005† (11.8771)	-0.1728† (-3.0281)	0.063 (0.1786)	1.1733† (10.09)	0.1792† (2.9908)	0.6496† (7.0648)	-0.3745 (-1.032)	-0.4705† (-3.62)
600026.SH	1.298† (18.2459)	0.1793† (2.7706)	-0.0112 (-0.0272)	1.1187† (10.11)	0.3258† (4.3337)	1.7688† (17.0177)	0.0087 (0.0167)	-1.4431† (-9.76)
600027.SH	1.1688† (9.026)	-0.1823** (-2.2461)	0.3944 (1.111)	1.3511† (6.95)	0.2522† (2.9305)	0.8874† (6.6336)	0.541 (1.3267)	-0.6352† (-3.28)
600028.SH	0.9475† (20.5528)	0.0105 (0.2364)	-0.1409 (-0.5138)	0.937† (12.49)	0.2082† (5.169)	1.0662† (19.9019)	-0.175 (-0.581)	-0.858† (-10.87)

续表

A股股票代码	A 股				H 股			
	$\beta_{1,i}^A$	$\beta_{2,i}^A$	$\beta_{3,i}^A$	H0: $\beta_{1,i}^A = \beta_{2,i}^A$	$\beta_{1,i}^H$	$\beta_{2,i}^H$	$\beta_{3,i}^H$	H0: $\beta_{1,i}^H = \beta_{2,i}^H$
600029.SH	1.281† (17.0858)	-0.0578 (-0.7564)	-0.9608** (-1.981)	1.3388† (10.22)	0.4702† (5.4271)	0.9239† (9.3809)	-0.5009 (-0.470)	-0.4537† (-2.88)
600115.SH	1.2657† (17.0359)	-0.1101* (-1.7232)	-0.7559 (-1.3581)	1.3757† (11.99)	0.3841† (4.9381)	0.9477† (10.3197)	-0.3381 (-0.332)	-0.5636† (-4.01)
600188.SH	1.2629† (24.1529)	0.0023 (0.0425)	-0.5479 (-1.2526)	1.2606† (15.16)	0.3512† (5.9373)	1.2958† (15.424)	-0.4071 (-0.811)	-0.9446† (-7.9)
600332.SH	1.0304† (15.4676)	-0.1634† (-2.887)	0.078 (0.2001)	1.1938† (11.77)	0.2815† (4.0843)	0.5676† (6.5532)	-0.0135 (-0.032)	-0.2862** (-2.2)
600362.SH	1.4216† (22.565)	0.0243 (0.2733)	-0.1708 (-0.4105)	1.3973† (11.65)	0.4458† (6.7769)	1.487† (16.5992)	0.0222 (0.0542)	-1.0412† (-7.96)
600377.SH	0.686† (10.9309)	0.0276 (0.6628)	-0.0581 (-0.2318)	0.6584† (7.46)	0.1268† (2.6574)	0.7161† (11.0344)	0.0235 (0.08)	-0.5894† (-6.2)
600548.SH	0.9643† (16.9822)	-0.0291 (-0.4867)	-0.2891 (-0.9933)	0.9934† (10.27)	0.1573† (3.1096)	0.7624† (12.2305)	-0.1425 (-0.477)	-0.6051† (-6.6)
600585.SH	1.0097† (18.5362)	0.3225† (5.4999)	0.1321 (0.3684)	0.6872† (7.41)	0.4539† (6.4185)	1.2623† (12.8169)	0.4841 (1.2857)	-0.8084† (-5.55)
600600.SH	0.8858† (18.0282)	-0.0238 (-0.5966)	0.1317 (0.4333)	0.9097† (12.44)	0.2205† (4.1318)	0.6458† (9.6982)	-0.3695 (-0.998)	-0.4254† (-4.23)
600685.SH	1.4144† (22.3899)	0.0213 (0.4009)	0.7636 (1.1233)	1.3931† (14.81)	0.6656† (7.1688)	0.9291† (8.0806)	0.1196 (0.2103)	-0.2635 (-1.5)
600688.SH	1.0591† (18.7912)	-0.0199 (-0.3987)	0.1473 (0.3893)	1.0789† (12.65)	0.4021† (6.1235)	1.089† (13.6873)	-0.2879 (-0.667)	-0.6868† (-5.73)

续表

A股股票代码	A 股				H 股			
	$\beta_{1,i}^A$	$\beta_{2,i}^A$	$\beta_{3,i}^A$	H0: $\beta_{1,i}^A = \beta_{2,i}^A$	$\beta_{1,i}^H$	$\beta_{2,i}^H$	$\beta_{3,i}^H$	H0: $\beta_{1,i}^H = \beta_{2,i}^H$
600775.SH	1.1742† (17.4933)	-0.0543 (-0.8523)	0.246 (0.4303)	1.2285† (11.59)	0.6152† (6.9969)	0.7619† (6.8884)	0.4254 (0.7056)	-0.1466 (-0.88)
600806.SH	1.4764† (16.8828)	-0.1589** (-2.3117)	-0.1292 (-0.264)	1.6353† (13.61)	0.8022† (9.1015)	0.606† (6.3825)	0.1033 (0.1786)	0.1962 (1.28)
600808.SH	1.1104† (22.7908)	-0.0059 (-0.1258)	0.4956* (1.6828)	1.1164† (14.4)	0.5622† (8.1987)	1.1762† (13.2014)	0.7688* (1.6732)	-0.6139† (-4.69)
600860.SH	1.1362† (17.0335)	-0.1351** (-2.174)	-0.4898 (-0.9295)	1.2714† (12.48)	0.399† (4.619)	0.593† (5.6585)	-1.0573 (-1.447)	-0.194 (-1.25)
600871.SH	1.1329† (19.2187)	-0.0137 (-0.2617)	0.239 (0.4444)	1.1466† (13)	0.5176† (6.003)	0.9124† (7.5567)	0.2663 (0.513)	-0.3949** (-2.22)
600874.SH	1.1829† (19.744)	-0.1361** (-2.3919)	0.2279 (0.593)	1.319† (14.07)	0.5272† (8.1854)	0.7082† (8.9388)	-0.4726 (-1.027)	-0.181 (-1.58)
600875.SH	1.2327† (20.988)	-0.0389 (-0.7213)	-0.0409 (-0.1047)	1.2715† (13.96)	0.5577† (7.7764)	0.7915† (7.9742)	0.209 (0.4547)	-0.2338 (-1.63)
600876.SH	1.1715† (13.0462)	-0.037 (-0.4511)	2.2982† (3.1605)	1.2085† (8.87)	0.9067† (6.3089)	0.7864† (5.545)	1.7125* (1.7768)	0.1204 (0.58)

注：† $p<0.01$，** $p<0.05$，* $p<0.1$，括号中 t 值经过稳健标准差计算所得。

场收益率变动的显著影响,在10%的置信水平下,也只有12家上市公司的系数是显著的,表明大部分上市公司并未受到香港证券市场收益率变动的影响。在1%的置信水平下,有2家上市公司受到香港证券市场收益率的负向影响,有3家上市公司受到正向影响,说明结果是混合的。在 $\beta_{1,i}^A = \beta_{2,i}^A$ 的检验中,t检验的结果表明,内地证券市场和香港证券市场对A股的股票收益率的影响存在显著差异,在1%的置信水平下,拒绝了 $\beta_{1,i}^A = \beta_{2,i}^A$ 的原假设。最后,在10%的置信水平下,只有3家上市公司A股的股票收益率受到汇率变动的影响,因此,汇率的变动对A股的股票收益率的影响十分有限。表5-3的第二部分是H股的股票收益率的回归结果,与上文结果保持一致,H股股票收益率,同时受到内地证券市场收益率和香港证券市场收益率的双重影响,其中,$\beta_{1,i}^H$ 的平均值为0.4127,小于 $\beta_{2,i}^H$ 的平均值0.9097,在1%的置信水平下,两者都是显著异于0的,并且在 $\beta_{1,i}^H = \beta_{2,i}^H$ 的检验中拒绝了原假设,说明H股的股票收益率,更多受到来自香港证券市场收益率变动的影响,H股股票收益率的变动,与香港证券市场收益率的变动更相似。此外,除了两家上市公司,在10%的置信水平下,剩余28家上市公司H股的股票收益率均未受到汇率变动的显著影响,说明汇率变动对于A股的股票收益率和H股的股票收益率的影响都十分有限。

5.3.3 实证结果分析 II

实证分析的第二部分,主要考察股权分置改革在A股(H股)股票收益率,与内地、香港两地股票市场收益率的联动关系中所起的作用。与上文保持一致,在下面的分析中,仍然选取2000年1月1日至2015年12月31日股票市场的日度数据作为研究对象,并分别对股票市场的时间序列数据和面板数据进行分析。对股票市场时间序列数据的分析,可以考察每个上市公司的具体情况,对股票市场面板数据的分析,则可以将偏差降到最低,削弱变量之间的共线性,提高分析的有效性,考察整个样本的情况。需要指出的是，在30家双重上市公司中，有4家上市公司的A股股票，在股权分置改革之前（或者股权分置改革之后）的数据不足3年（见表5-4），这4家上市公司分别是中兴通讯（000063.SZ；00763.HK）、华电国际（600027.SH；01071.HK）、上海石化（600688.SH；00338.HK）以及石化油服（600871.SH；01033.HK）。为了避免股权分置改革前后，样本量数据差别太大对结果产生的影响，在对面板数据的考察中，将对包含以及不包含以上四家上市公司的情况进行对比分析。

表5-4　　　　　　　　上市公司特殊情况说明

A股股票代码	H股股票代码	上市公司名称	A股上市日期	H股上市日期	股权分置改革完成后的首个交易日
000063.SZ	00763.HK	中兴通讯	1997/11/18	2004/12/09	2005/12/29
600027.SH	01071.HK	华电国际	2005/02/03	1999/06/30	2006/08/01
600688.SH	00338.HK	上海石化	1993/11/08	1993/07/26	2013/08/20
600871.SH	01033.HK	石化油服	1995/04/11	1994/03/29	2013/08/20

首先对符合要求的每个上市公司的时间序列数据进行回归分析，考察股权分置改革对A股和H股的股票收益率与两地股票市场收益率变动之间的关系，由此得到了表5-5的结果。表5-5是根据（5.8）式和（5.9）式回归的结果，回归采用广义矩估计（GMM）方法。观察可知，对于A股股票而言，首先，加入表示股权分置改革的虚拟变量之后，在1%的置信水平下，A股的股票收益率依然受到A股股票市场收益率的显著影响，$\beta_{1,i}^A$显著为正，这与上文的结论是完全一致的，上市公司的主要业务在中国内地的A股上市公司，其股票收益率受到内地证券市场收益率的显著正向影响，即内地证券市场收益率增加，A股股票收益率也在增加。其次，加入控制变量之后，A股的股票收益率基本不受香港证券市场收益率变动的影响。再次，在26家上市公司中，在股权分置改革之后，有16家上市公司受到A股股票市场收益率变动的影响增加，$\beta_{4,i}^A$都是显著为正的，说明股权分置改革之后，由于A股股票实现全流通，股票价格的变动与股票市场整体的变动更为一致，较少受到私人信息的影响。另外，股权分置改革

表 5-5 股权分置改革时间序列数据回归结果

A 股股票代码	A 股 $\beta_{1,i}^A$	$\beta_{2,i}^A$	$\beta_{4,i}^A$	$\beta_{5,i}^A$	H 股 $\beta_{1,i}^H$	$\beta_{2,i}^H$	$\beta_{4,i}^H$	$\beta_{5,i}^H$
000585.SZ	0.6398† (13.6847)	0.0101 (0.2114)	0.4615† (6.4112)	-0.1016 (-1.6175)	0.2817† (2.9341)	1.0432† (8.4256)	0.2461* (1.9537)	-0.1433 (-0.9733)
000666.SZ	0.9561† (26.2845)	-0.0215 (-0.5223)	0.2038† (3.5618)	-0.0578 (-1.0115)	0.2773† (5.1428)	0.6920† (9.3224)	0.0957 (1.1321)	0.0071 (0.0735)
000756.SZ	0.7682† (18.3882)	-0.0518 (-1.2979)	0.3544† (5.8058)	-0.0902 (-1.6153)	0.2395† (4.3228)	0.6156† (8.9828)	0.1778** (2.2512)	-0.0112 (-0.1265)
000898.SZ	0.7326† (20.6483)	0.0613 (1.4344)	0.4431† (8.9176)	0.01 (0.1883)	0.2884† (5.174)	1.0599† (12.5485)	-0.0178 (-0.2294)	0.2442** (2.232)
000921.SZ	0.7732† (19.705)	-0.0185 (-0.5739)	0.1821** (2.523)	-0.0867 (-1.3565)	0.2774† (3.8937)	0.7321† (8.7496)	-0.0312 (-0.3178)	0.1312 (0.9658)
600011.SH	0.9746† (24.3896)	0.1199* (1.9258)	0.0343 (0.6587)	-0.2515† (-3.5548)	0.0876* (1.8125)	0.8324† (11.8861)	0.0335 (0.5685)	-0.0744 (-0.9038)
600012.SH	0.9688† (16.9288)	-0.0313 (-0.4803)	0.0171 (0.2601)	-0.0571 (-0.8041)	0.0826 (1.2844)	0.9425† (10.8802)	0.082 (1.1086)	-0.4939† (-4.872)
600026.SH	1.2485† (18.5385)	-0.1862 (-1.0938)	0.0186 (0.2484)	0.2508 (1.4416)	0.2308† (3.2125)	1.4828† (14.2732)	0.0104 (0.1189)	0.0062 (0.0473)
600028.SH	0.9713† (27.1689)	0.0208 (0.4679)	0.0519 (1.104)	-0.0007 (-0.0133)	0.1762† (4.3687)	0.9024† (14.5926)	-0.0653 (-1.4045)	0.2397† (3.4026)
600029.SH	0.8629† (12.4985)	-0.0064 (-0.0701)	0.4860† (5.905)	-0.1482 (-1.4554)	0.1370** (2.2739)	1.0465† (10.7858)	0.2653† (3.2995)	-0.2027* (-1.7566)
600115.SH	0.9606† (25.1403)	-0.0153 (-0.4689)	0.2856† (3.8607)	-0.0926 (-1.3471)	0.1064** (2.0738)	0.9730† (13.271)	0.3524† (4.319)	-0.2303** (-2.1333)
600188.SH	0.9747† (31.3033)	-0.0259 (-0.6618)	0.4060† (8.6056)	0.0132 (0.2417)	0.1290† (1.9755)	0.8658† (10.1571)	0.056 (0.7465)	0.5339† (5.1627)

续表

A股股票代码	A 股					H 股			
	$\beta^A_{1,i}$	$\beta^A_{2,i}$	$\beta^A_{4,i}$	$\beta^A_{5,i}$		$\beta^H_{1,i}$	$\beta^H_{2,i}$	$\beta^H_{4,i}$	$\beta^H_{5,i}$
600332.SH	1.0769† (29.6047)	-0.0129 (-0.3634)	0.0103 (0.1878)	-0.0559 (-1.0575)		0.4230† (7.1457)	0.6664† (8.043)	-0.0946 (-1.2751)	-0.1219 (-1.2262)
600362.SH	1.0562† (6.6339)	0.0029 (0.0345)	0.3330** (2.0488)	0.041 (0.4145)		0.3293† (4.8422)	1.4893† (14.2093)	-0.0502 (-0.6408)	-0.1482 (-1.0614)
600377.SH	0.7268† (15.6547)	-0.0075 (-0.1867)	0.0979* (1.8111)	0.0075 (0.1526)		0.1587† (3.4018)	0.7232† (10.9457)	0.0962* (1.6915)	0.0703 (0.7794)
600548.SH	1.0062† (30.667)	-0.0178 (-0.3571)	-0.0271 (-0.5505)	-0.0284 (-0.4267)		0.0794** (2.1013)	0.6980† (10.3368)	0.0795 (1.6144)	-0.0313 (-0.3969)
600585.SH	0.9787† (10.2725)	0.0179 (0.1414)	-0.0048 (-0.0472)	0.2682* (2.0127)		0.2643† (3.0406)	1.1987† (10.7895)	0.0342 (0.3422)	-0.025 (-0.1909)
600600.SH	0.9382† (27.6712)	-0.0037 (-0.1249)	0.1265† (2.6675)	-0.0199 (-0.4429)		0.1380** (2.5348)	0.7178† (10.3087)	0.0254 (0.399)	-0.0743 (-0.8642)
600685.SH	1.1891† (25.6133)	0.0191 (0.3273)	0.1827† (2.975)	-0.0651 (-0.9233)		0.2943† (3.9082)	0.8792† (8.4774)	0.1967** (2.0923)	0.0747 (0.5904)
600808.SH	0.9449† (21.6453)	0.038 (0.9742)	0.2422† (4.5197)	-0.0794 (-1.4786)		0.3405† (4.6739)	1.0911† (13.2647)	-0.0065 (-0.0741)	0.0851 (0.7948)
600860.SH	1.2500† (29.1708)	-0.0221 (-0.5675)	0.1953† (2.9283)	-0.0414 (-0.6614)		0.2726† (3.8065)	0.6199† (7.5095)	0.1125 (1.2491)	-0.0776 (-0.7469)
600874.SH	0.9163† (21.8578)	-0.0259 (-0.6028)	0.3276† (5.8343)	-0.0682 (-1.0922)		0.2540† (4.1107)	0.8242† (9.8372)	0.1937† (2.5796)	-0.0536 (-0.5413)
600875.SH	1.2704† (26.686)	0.0312 (0.7838)	-0.0792 (-1.2825)	-0.1092* (-1.8489)		0.4308† (5.7887)	0.8521† (8.3854)	-0.0741 (-0.8231)	-0.0107 (-0.084)
600876.SH	1.0909† (20.783)	-0.0855 (-1.6402)	-0.0197 (-0.202)	0.0471 (0.4411)		0.4279† (5.0987)	0.8930† (10.285)	0.4036† (2.5986)	0.0818 (0.486)

注：† $p<0.01$，** $p<0.05$，* $p<0.1$，括号中 t 值经过稳健标准差计算所得。

之后，有5家上市公司的A股的股票收益率受到香港证券市场收益率变动的影响发生改变，但其中4家受到的影响减弱，说明A股股票收益率的变动，更多地受到A股股票市场的影响。

表5-5的右半部分是H股的股票收益率的回归结果，对于所有H股股票而言，在1%的置信水平下，内地和香港证券市场收益率的变动，都对H股的股票收益率产生显著的正向影响。通过观察可知，H股的股票收益率的变动，更多地受到香港证券市场收益率变动的影响，这与没有加入控制变量时的结果是一致的。需要注意的是，在加入控制变量之后，即股权分置改革之后，有9家上市公司的 $\beta_{4,i}^H$ 是显著异于0的，其H股的股票收益率的变动，受到内地股票市场收益率变动的影响增强，对于其他上市公司，股权分置改革并没有产生显著的影响。另一方面，股权分置改革之后，在10%的置信水平下，有7家上市公司的 $\beta_{5,i}^H$ 是显著异于0的，但有的上市公司受到香港证券市场收益率变动的影响增加，有的则减少。综上所述，在对每个上市公司的时间序列数据进行考察时发现，在股权分置改革之后，有16家上市公司A股的股票收益率受到内地证券市场收益率变动的影响增加，有9家上市公司H股的股票收益率受到内地证券市场收益率变动的影响增加。股权分置改革之后，香港证券市场收益率的变动，对A股和H股的股票收益率变动产生的影响，没有呈现明显的趋势。

在对股票市场面板数据的分析中，首先对模型进行选择。本书分别对A股和H股股票进行检验，结果表明，通过Wald检验以及LR检验得出，混合OLS模型优于固定效应模型；通过B-P检验以及LR检验得出，混合OLS模型优于随机效应模型。因此，在对A股和H股股票市场收益率，与两地证券市场收益率之间的关系进行考察时，使用混合OLS模型更为合适。

表5-6是A股和H股股票收益率面板数据的回归结果。在对A股和H股的分析中，根据上文所述，分别对包含26个上市公司和30个上市公司的样本进行了分析，A股和H股的（1）和（2）列，代表使用26个上

表 5-6　股权分置改革面板数据回归结果

	A 股					H 股			
	(1)	(2)	(3)	(4)		(1)	(2)	(3)	(4)
$\beta_{1,i}^A$	1.0410† (35.0600)	1.0410† (35.0470)	1.0140† (36.6950)	1.0140† (36.5800)	$\beta_{1,i}^H$	0.2650† (11.7110)	0.2630† (11.5340)	0.2710† (14.5520)	0.2700† (14.3710)
$\beta_{2,i}^A$	-0.0071 (-0.8450)	-0.00639 (-0.7700)	-0.0335** (-2.1010)	-0.0334** (-2.0600)	$\beta_{2,i}^H$	0.8780† (22.1040)	0.8820† (22.3380)	0.8930† (27.4880)	0.8950† (27.8520)
$\beta_{3,i}^A$	0.02340 (0.2050)	0.0322 (0.2900)	0.0538 (0.5430)	0.0598 (0.6170)	$\beta_{3,i}^H$	0.0739 (0.7330)	0.0542 (0.5200)	0.0883 (0.9900)	0.0687 (0.7430)
$\beta_{4,i}^A$	0.1000† (2.8200)	0.0984† (2.7700)	0.1150† (3.4000)	0.1140† (3.356)	$\beta_{4,i}^H$	0.0586** (2.3510)	0.0582** (2.3580)	0.0491** (2.1020)	0.0492** (2.1210)
$\beta_{5,i}^A$	-0.0321 (-1.6190)	-0.0326 (-1.6510)	-0.0066 (-0.2760)	-0.0066 (-0.2730)	$\beta_{5,i}^H$	0.0139 (0.2990)	0.0099 (0.2110)	-0.0054 (-0.1220)	-0.0085 (-0.1920)
$\alpha_{1,i}^A$	0.0005† (8.3250)	0.0003 (1.1480)	0.0005† (9.5430)	0.0003 (1.0550)	$\alpha_{1,i}^H$	0.0009† (10.5650)	0.0019† (3.3230)	0.0009† (10.9010)	0.0017† (3.1940)
年份虚拟变量	否	是	否	是	年份虚拟变量	否	是	否	是

注: † $p < 0.01$, ** $p < 0.05$, * $p < 0.1$, 括号中 t 值经过稳健标准差计算所得。

市公司的样本作为研究对象,(3)列和(4)列则是使用30个上市公司作为研究对象,此外,结果还考察了使用与不使用年份虚拟变量对结果产生的影响。在对A股股票市场的研究中,在结果(1)中,首先,$\beta_{1,i}^A$的数值为1.041,且在1%的置信水平下显著为正,说明A股的股票收益率受到内地证券市场收益率变动的显著正向影响,这与上文的结论是一致的。其次,回归结果表明,在1%的置信水平下,无法拒绝香港证券市场收益率系数$\beta_{2,i}^A$显著异于0的原假设,即香港证券市场收益率的变动,对A股的股票收益率的影响是不显著的。此外,在1%的置信水平下,$\beta_{4,i}^A$显著为正,表明股权分置改革之后,A股的股票收益率的变动,受到内地证券市场收益率变动的影响增强。另外,在1%的置信水平下,无法拒绝$\beta_{5,i}^A = 0$的原假设,表明股权分置改革前后,香港证券市场收益率的变动,对A股股票市场的影响没有明显变化。考虑不同年份的影响之后,结果见A股结果(2),上述变量的回归结果没有发生改变,说明以上分析是稳健的。结果(3)和结果(4)是使用30家上市公司样本的回归结果,需要注意的是,在5%的置信水平下,$\beta_{2,i}^A$是显著小于0的,说明当加入因样本数量不足而剔除的上市公司之后,结果发生了改变,此时,A股的股票收益率受到香港证券市场收益率变动的显著负向影响。由于我们的样本只有30家上市公司,在样本量发生改变时,结果易受到相应的影响。

在对H股股票市场的研究中,在结果(1)中,1%的置信水平下,$\beta_{1,i}^H$和$\beta_{2,i}^H$都是显著大于0的,且$\beta_{2,i}^H > \beta_{1,i}^H$,说明内地和香港证券市场均对H股的股票收益率产生了影响,且香港证券市场的影响更大,这与上文的结论是一致的。此外,在1%的置信水平下,$\beta_{4,i}^H$是显著大于0的,表明股权分置改革之后,内地证券市场对H股收益率的影响增强,由于在1%的置信水平下,无法拒绝$\beta_{5,i}^H = 0$的原假设,说明股权分置改革之后,香港证券市场对H股收益率的影响,没有发生明显的改变。考虑不同年份的影响之后,上述结果没有发生改变。结果(3)和结果(4)是使用30家上市公司样本的回归结果,与包括26个上市公司的样本回归结果是一致的。此外,在面板数据回归中,汇率的变动对A股和H股股票收益率的变动没有显著地影响。综上所述，A 股的股票收益率变动主要受到内地证券市场的影响，H 股的股票收益率变动，受到内地和香港两地证券市场的影响，且受到香港证券市场的影响更大。股权分置改革之后，内地证券市场收益率的变动，对 A 股和 H 股股票收益率变动的影响都所有增强。

5.4　本章小结

由于 A 股和 H 股股票在不同的证券交易所上市交易，面临的投资者不同，公司上市要求以及证券交易所的交易规则也存在差异，A 股和 H 股的股票收益率与两地证券市场收益率之间的联动关系是否因为以上差异的存在而有所不同，是本章的研究重点。本章使用 2000 年 1 月 1 日至 2015 年 12 月 31 日的日度数据，对 A 股和 H 股的股票收益率与两地证券市场收益率之间的联动关系进行了分析，并考察了股权分置改革前后，上述联动关系是否发生了改变。

本章使用时间序列数据以及面板数据对双重上市公司进行分析。结果表明，第一，A 股股票收益率的变动受到了内地证券市场显著的正向影响，只有少数公司受到香港证券市场收益率变动的影响；H 股股票收益率的变动受到内地和香港两地证券市场的共同影响，但香港证券市场收益率的变动，对 H 股股票收益率产生的影响更大。由于 A 股上市公司的上市地和主要业务均在内地，因此，A 股受到了内地证券市场的显著正向影响，H 股则与香港证券市场中的股票更相似。第二，在股权分置改革之后，A 股仍然主要受内地证券市场收益率变动的影响，且大部分公司受内地证券市场收益率变动的影响增强；H 股仍然受到两地证券市场收益率变动的共同影响，且在股权分置改革之后，部分上市公司受到内地证券市场收益率变动的影响增强。对面板数据的分析，验证了上述结论。

第6章

双重上市公司股票价格差异研究

6.1 研究背景与研究意义

1993年7月15日，青岛啤酒股份（600600.SH；00168.HK）在香港上市，拉开了内地企业赴港上市的序幕。截至2015年12月31日，我国内地共有88家企业在内地、香港证券市场双重上市。按照同股同权的原则，A股和H股的股票价格应该相近，但真实的情况是，A股相对于H股溢价。在附录1中，列出了符合本书要求的30家双重上市公司，每年第一个交易日A股和H股的股票价格，以及经过汇率换算之后的比值，从附录可以看出，双重上市公司A股相对于H股溢价的现象十分明显。例如，东北电气（000585.SZ；00042.HK）2000年1月4日，A股股票价格是4.87元，经过汇率调整后，H股股票价格是0.4686元，两者之间的比值是11.07，2001年第一个交易日，A股和H股股票价格用人民币表示分别是7.85元和0.3395元，比值达到24.53，随着时间的推移，2014年和2015年第一个交易日，A股和H股股票价格的比值已经降至2.71和1.97（2014年和2015年第一个交易日，A股股票价格分别是2.33元和4.13元，H股股票价格分别是0.6768元和1.659元）。通过观察，在双重上市公司中，普遍存在着A股相对于H股溢价的现象，但溢价程度随着时间的推移在逐渐缩小，双重上市公司股票价格差异产生的原因，以及股票价格差异逐渐缩小的原因成为本书关注的焦点问题。在此背景下，本书的第6章对此问题进行了深入的研究分析。

中国双重上市公司股票价格差异研究

对双重上市公司股票价格差异问题的研究,既有针对发达国家的研究,如 Amihud 和 Mendelson（1986）、Datar、Naik 和 Radcliffe（1998）、Foerster 和 Karolyi（1999）、Grossmann、Ozuna 和 Simpson（2007）、Grammig、Melvin 和 Schlag（2005）等,都对美国等发达国家市场中,双重上市公司股票价格的差异问题进行了研究。此外,也有针对发展中国家的研究,如 Bailey 和 Jagtiani（1994）对泰国、Domowitz、Glen 和 Madhavan（1997）对墨西哥股票市场的研究等,针对中国 A 股和 B 股股票市场的研究有很多,如 Sun 和 Tong（2000）、Fernald 和 Rogers（2002）、Mei、Scheinkman 和 Xiong（2005）、Lee、Rui 和 Wu（2008）以及 Karolyi、Li 和 Lian（2009）等从不同角度对中国股票市场中的 A 股和 B 股价格差异问题进行了探讨。近些年,针对我国 A 股和 H 股双重上市公司的研究也层出不穷,如 Wang 和 Jiang（2004）、Fong、Wong 和 Yong（2010）、Cai、McGuinness 和 Zhang（2011）、Eichler（2011）等对 A + H 双重上市公司的作用机制进行了研究。以往的研究对影响双重上市公司股票价格差异的因素进行了探讨,形成了较为成熟的理论,具体而言,包括需求弹性差异理论 [Bailey 和 Jagtiani（1994）、Stulz 和 Wasserfanen（1995）、Sun 和 Tong（2000）、Lee、Rui 和 Wu（2008）等]、流动性差异理论（Amihud 和 Mendelson（1986）、Foerster 和 Karolyi（1999）、Mei、Scheinkman 和 Xiong（2005）等）、信息不对称理论 [Chakravarty、Sarkar 和 Wu（1998）、Karolyi 和 Li（2009）、Grossmann、Ozuna 和 Simpson（2007）等] 以及风险差异理论 [Stulz（1981）、Ma（1996）、Lee、Rui 和 Wu（2008）等]。

在以上研究中,特别是针对中国的研究中,存在以下不足之处:首先,尽管在股票价格差异影响因素的研究中,考虑了流通股差异对股票价格差异的影响,但并没有针对股权分置改革这一中国特有的现象加以深入分析:股权分置改革前后,股票价格差异的影响因素是否发生了改变?股权分置改革对于双重上市公司的股票价格差异产生了怎样的影响?其次,在目前的研究中,没有考虑我国双重上市公司的发展历程对股票价格差异的影响。由于我国双重上市公司的发展过程具有其特殊性和复杂性，因此，考虑不同的发展阶段对 A 股和 H 股股票价格差异的影响，具有重要的意义。最后，很多研究忽视了汇率变动在其中的作用，鉴于中国 2005 年 7 月 21 日、2015 年 8 月 11 日都对汇率制度进行了较大的改革，汇率变动对股票价格差异的影响，也是本书考察的一个问题。为了探讨双重上市公司股票价格差异的影响因素以及股权分置改革在其中的作用，本书将在以往研究的基础上，对上述问题进行深入的分析。

6.2 变量选择与数据说明

6.2.1 变量选择

为了研究我国 A + H 双重上市公司的股票价格差异问题，首先需要明确研究中所需要的变量，下面将对研究中所需变量进行详细的说明。

1. 股票价格差异指标

衡量双重上市公司股票价格的差异，比较常见的衡量指标是使用 $(P_B - P_A)/P_A$（或者 P_B/P_A），即两种类型的股票价格之比，或者 $\log(P_B) - \log(P_A)$，即两种类型股票价格的对数之差，两种方式本质上是一致的。Domowitz、Glen 和 Madhavan (1997) 在对墨西哥股票市场的研究中，使用第一种方式作为股票价格差异的衡量指标，Sun 和 Tong (2000)、Bergstrom 和 Tang (2001)、Chen、Lee 和 Rui (2001)、Karolyi、Li 和 Laio (2009) 等在对中国股票市场 A 股和 B 股股票价格差异的研究中，也使用第一种方式构造因变量。在对我国 A 股和 H 股双重上市的研究中，Chan 和 Kwok (2005)、Lee (2009) 等也采用了第一种衡量价格差异的方式。Bailey 和 Jagtiani (1994)、Froot 和 Dabora (1999) 在各自的研究中，则使用第二种方式作为股票价格差异的衡量指标。无论使用哪种方法,股票价格均使用没有经过处理的当日收盘价。在本书中,为了衡量 A + H 双重上市公司的股票价格差异,与上述学者的研究一致,使用以下衡量方式作为因变量的衡量指标:

$$PREM_{i,t} = \frac{P_A - P_H^*}{P_H^*} \quad (6.1)$$

$$P_H^* = P_H * e(CNY/HKD) \quad (6.2)$$

需要指出的是,在本书中,由于涉及股权分置改革,因此在价格的选择上,除了使用股票市场的每日收盘价格之外,本书同时选择经过正常现金、异常现金调整,以及对股票的分立、拆股、股票股利(红利)、配股等进行调整后的价格进行实证分析。

2. 需求差异因素

在证券市场中,股票的需求差异是影响股票价格的重要因素。如果投资者的投资渠道和可投资的股票品种较少,则投资者愿意付出较高的价格购买该股票,进而推升股票价格。对于双重上市公司发行的股票而言,如果对于不同类型的股票,投资者对其需求存在差异或者因为投资壁垒的存在,如某种类型的股票供不应求,则会导致两种类型的股票价格产生差异。

Domowitz、Glen 和 Madhavan (1997) 在对墨西哥股票市场的研究中使用无限制的股票,与有限制和无限制的股票之和的比例,作为需求差异的衡量指标,Lee、Rui 和 Wu (2008)、Karolyi、Li 和 Liao (2009) 采用 Domowitz、Glen 和 Madhavan (1997) 的方法,对中国 A 股和 B 股市场进行研究,他们使用流通 B 股与流通 A 股和流通 B 股之和的比例,表示两类股票的需求差异,Lee (2009) 在对中国 A 股和 H 股股票市场的研究中,使用 H 股的流通股股数,与 A 股和 H 股流通股之和的比例,作为两地股票需求差异的替代变量。Sun 和 Tong (2000)、Chen、Lee 和 Rui (2001) 在对中国股票市场 A 股和 B 股的研究中,则使用更为简单的衡量方式,即 A 股和 B 股流通股股数之比作为需求差异的代理变量。

在本书中,使用如下方式对 A + H 双重上市公司的股票需求差异进行衡量:

$$DEM_{i,t} = \frac{Ashares_{i,t}}{Hshares_{i,t}} \qquad (6.3)$$

其中,$Ashares_{i,t}$ 表示 A 股流通股股数,$Hshares_{i,t}$ 表示 H 股流通股股数。

3. 流动性差异因素

在证券市场中,流动性较差的股票,投资者会要求较高的收益率,因此定价较低。对于双重上市的公司来说,由于不同证券市场在交易方法、监管要求等方面存在差异,相同的股票在不同的证券市场的流动性存在差异,流动性差异导致股票价格存在差异,因此,流动性因素是导致双重上市公司股票价格产生差异的重要原因。

Domowitz、Glen 和 Madhavan（1997）使用墨西哥股票市场中 B 股（无限制的股票）交易量与 A 股和 B 股交易量之和的比例,作为股票流动性差异的衡量指标,Sun 和 Tong（2000）、Chen、Lee 和 Rui（2001）、Karolyi、Li 和 Laio（2009）在对我国 A 股和 B 股股票市场的研究中,使用 A 股和 B 股的交易量之比,作为两个市场流动性的衡量指标,Lee（2009）也使用交易量之比,对我国 A 股和 H 股股票的流动性差异进行衡量。除此之外,Wang 和 Jiang（2004）在对我国 A 股和 H 股股票价格差异的研究中,用多种方式对市场的流动性差异进行衡量,包括股票买卖价差（bid - ask spread）、A 股和 H 股交易量之比,A 股和 H 股周转率（股票交易量/流通股数量）之比,以及 H 股股票交易量与 A 股和 H 股流通股之和之比,与 Wang 和 Jiang（2004）的研究类似,Lee、Rui 和 Wu（2008）也使用 A 股和 B 股的周转率（股票交易量/流通股数量）之比作为我国 A 股和 B 股流动性差异的衡量。在本研究中,使用 A 股和 H 股股票的周转率（股票交易量/流通股数量）作为 A 股和 H 股股票流动性差异的衡量指标：

$$LQ_{i,t} = (Avolume_{i,t}/Ashares_{i,t})/(Hvolume_{i,t}/Hshares_{i,t})$$

(6.4)

其中，$Avolume_{i,t}$ 和 $Ashares_{i,t}$ 分别表示 A 股股票交易量以及 A 股流通股股数，$Hvolume_{i,t}$ 和 $Hshares_{i,t}$ 分别表示 H 股股票交易量和 H 股流通股股数。

4. 信息不对称因素

信息不对称理论认为，信息存在获取成本，由于不同投资者获取信息的成本存在差异，股票价格因而存在差异。此外，相比于国外投资者，国内投资者还能通过很多非正式的途径获取上市公司的各种信息。因此，信息不对称将导致境内和境外投资者对股票的认知是不同的，因而对股票的期望收益率也存在差异，由此造成双重上市公司股票价格发生差异。

Domowitz、Glen 和 Madhavan（1997）在对墨西哥股票市场的研究中，使用股票市场的市值作为信息因素的衡量指标，Sun 和 Tong（2000）、Chen、Lee 和 Rui（2001）、Karolyi、Li 和 Laio（2009）对中国 A 股和 B 股的研究中，也使用 A 股和 B 股的市值之和作为信息因素的代理变量，Chan（2005）对中国 A 股、B 股和 H 股的研究中，分别使用市值（含限售股）以及市值（不含限售股）作为信息不对称程度的衡量变量。关于信息不对称的衡量指标，学术界的观点较为统一，本研究也使用 A 股和 H 股市值之和，作为衡量信息因素的指标：

$$INF_{i,t} = MKT^A_{i,t} + MKT^{H*}_{i,t}$$

(6.5)

其中，$MKT^A_{i,t}$ 表示 A 股股票市场自由流通股市值，以人民币计价；$MKT^{H*}_{i,t}$ 表示 H 股股票流通市值，以当日人民币兑港币汇率换算所得，也以人民币计价。

5. 风险差异因素

对于双重上市公司而言，同一股票在不同的证券市场风险存在差异，因此股票价格也存在差异。具体而言，由于境内投资者和境外投资者所面临的投资机会存在差异，对风险的容忍度也存在差异，风险大的股票需要较高的风险补偿，对风险容忍度较低的投资者，也会要求较高的风险补偿。因此，风险差异是造成双重上市公司股票价格产生差异的重要原因。

Naidu 和 Rozeff（1994）使用高频数据对股票价格的波动性进行衡量：$VOL_t = (H_i - L_i)/[(H_i + L_i)/2]$，其中，$H_i(L_i)$ 分别是每日股票交易的最高价和最低价。Lee（2009）使用与 Naidu 和 Rozeff（1994）的研究类似，他也使用高频数据对股票价格的波动性进行计算，并使用 A 股和 H 股风险差异之比，作为风险差异的替代指标。Schwert（2002）使用简单滚动标准差对股票收益率的波动性进行衡量，他指出，滚动标准差与使用 GARCH 模型估计的标准差没有明显差异。Karolyi、Li 和 Liao（2009）采用 Schwert（2002）提出的方法，用滚动标准差之比对我国 A 股和 B 股股票价格差异问题进行研究。Sun 和 Tong（2000）、Chen、Lee 和 Rui（2001）、Chan 和 Kwok（2005）对中国 A 股、B 股以及 A 股、H 股的研究中，使用股票价格变动的标准差之比，作为两个股票市场风险差异的衡量指标，他们以股票市场的月度数据为研究对象，选用一个月内股票收益率变动的标准差作为衡量指标。Wang 和 Jiang（2004）在对中国 A 股和 H 股股票价格差异的研究中，使用 A 股和 H 股股票收益率的方差之比对风险差异进行衡量。Lee、Rui 和 Wu（2008）使用表示股票价格系统性风险的 beta 系数，对股票风险进行衡量，A 股和 B 股 beta 系数之比即为两类股票的风险差异。在本书中，由于所研究的数据为股票市场的日度数据和周度数据，数据量很大。因此，选用 10 期滚动标准差来表示股票价格的风险。

$$SD_{i,t} = SD_{i,t}^A / SD_{i,t}^H \tag{6.6}$$

其中，$SD_{i,t}^A$ 和 $SD_{i,t}^H$ 分别表示 A 股和 H 股股票价格变动的标准差，采用 10 期滚动标准差进行计算。

6. 汇率因素

自从新中国成立以来，我国的汇率体制经历了翻天覆地的变化。1949 年新中国成立，我国实行单一浮动汇率制，1953 年汇率制度转为单一固定汇率制，1985年，我国开始实行官方汇率与外汇调剂价格并存的汇率双轨制。1994年，外汇调剂价格与人民币官方汇率正式并轨，开始实行以市场供求为基础的、单一的、有管理的浮动汇率制。同时，企业和个人按规定向银行买卖外汇，此时，银行进入银行间外汇市场进行交易，并由此形成市场汇率。

2005年7月21日，人民币汇率的形成机制进行了重大变革。在以往的基础上，人民币汇率不再盯住单一的美元，而是选择了若干种主要货币，并且将这些货币组成一个货币篮子，参考这一篮子中的货币，对人民币多边汇率指数进行计算。从而形成了以市场供求为基础、参考一篮子货币进行调节、有管理的浮动汇率制度。2015年8月11日，为了提高人民币兑美元汇率的市场化程度，中国人民银行再次对人民币兑美元汇率中间价的报价制度进行改革，做市商参考前一个交易日银行间外汇市场的收盘汇率，在每个交易日汇率市场开盘之前，向中国外汇交易中心报价。Domowitz、Glen和Madhavan（1997）、Bailey、Chan和Chung（2000）、Wang和Jiang（2004）、Arquette、Brown和Burdekin（2008）、Eichler（2011）从不同的角度，对股票价格与汇率变动之间的关系进行考察，他们认为，汇率的变动对股票价格产生了重要影响。综上所述，本研究将汇率的变动引入双重上市公司股票价格差异问题的研究中。

$$ERC_t = \frac{ER_t - ER_{t-1}}{ER_{t-1}} \quad (6.7)$$

其中，ER_t和ER_{t-1}分别表示时间t和$t-1$时人民币兑港币的汇率。

由于在股权分置改革之前，人民币兑港币的汇率变化非常小，因此，本研究同时设置以下变量进行对比分析：

$$Dummye = \begin{cases} 1 & \text{汇率改革之后} \\ 0 & \text{其他} \end{cases} \quad (6.8)$$

$$Edummy = ERC_t * Dummye \quad (6.9)$$

7. 股权分置改革因素

股权分置，是我国A股股票市场特有的现象，是指A股上市公司按照能否在证券交易所上市交易，分为流通股和非流通股，流通股主要是社会公众股，非流通股则包括国有股、境内法人股等股份，非流通股的股东持有相同的股票，却不能行使流通股股东的权利。在股权分置改革之前，A股股票价格并不能真实地反映股票的内在价值，A股和H股股票价格存在的巨大差异。股权分置改革的完成，一方面，增加了A股股票的供给，近2/3的非流通股逐步转变为流通股，使A股的供给量不断增加，这个过程对A股股票价格产生了冲击，进而影响两地股票价格差异的变动；另一方面，在非流通股转换为流通股的过程中，非流通股的股东需要向流通股股东进行补偿，投资者的补偿预期将在短期内推升A股股票价格，扩大两地股票价格差异。股权分置改革从根本上解决了中国股票市场特有的流通股和非流通股并存的问题，对于A股股票市场的发展和完善有着重要的意义。股权分置改革的完成有利于A股股票市场作用机制不断完善，使A股市场的估值更为合理，长期来看，有利于促进A股股票趋于合理，理论上可以平抑A股和H股股票价格存在的差异。

本研究考察股权分置改革在A+H股票价格差异变动中所起的作用，在构造虚拟变量的过程中，使用两种方式对股权分置改革的作用进行衡量。第一种方式：将股权分置改革划分为两个阶段，即股权分置改革之前以及股权分置改革之后。

$$Dummy1_t = \begin{cases} 1 & \text{股权分置改革之后} \\ 0 & \text{其他} \end{cases} \quad (6.10)$$

第二种方式：将股权分置改革划分为三个阶段。具体而言，在我国上市公司股权分置改革的过程中，股权分置改革完成之后的首个交易日，上市公司的A股并没有完全流通，按照规定，在此后的三年时间中，市场逐步将限售股解禁，并最终实现A股的全部流通。由于从上市公司股权分置改革完成至A股全部流通有一个过程，因此，可以将股权分置改革分为三个阶段：

$$Dummy2_t = \begin{cases} 1 & \text{股权分置改革完成至A股全流通之前} \\ 0 & \text{其他} \end{cases}$$

$$(6.11)$$

$$Dummy3_t = \begin{cases} 1 & \text{A 股全流通之后} \\ 0 & \text{其他} \end{cases} \quad (6.12)$$

除了构造虚拟变量对股权分置改革前后的股票差异问题进行考察之外，本研究采用 A 股流通股与 A 股合计之比，作为 A 股流通股占比的衡量指标，用来考察 A 股股票市场流通股的发展变动规律，以及流通股变动对 A + H 股票价格差异的影响。

$$TR_{i,t} = \frac{Ashares_{i,t}}{Atotalshares_{i,t}} \quad (6.13)$$

其中，$Ashares$ 表示 A 股流通股的数量，$Atotalshares$ 表示 A 股合计，需要指出的是，在股权分置改革之前，A 股合计包括 A 股的流通股和 A 股的非流通股，在股权分置改革之后，包括 A 股流通股和 A 股限售股。

8. 控制变量

除了上述影响因素之外，本研究还加入了一系列控制变量。第一个控制变量用来控制股票市场波动对股票价格差异产生的影响，用 A 股和 H 股股票市场指数之比表示：

$$MI_t = SHI_t / HSI_t \quad (6.14)$$

其中，SHI_t 和 HSI_t 分别表示上证综合指数和恒生指数。

在第 3 章中，我们详细地对我国双重上市公司的发展历程进行了介绍，结合恒生指数、上证综合指数，以及恒生中国企业指数，将双重上市公司的发展历程分为五个阶段。具体而言，第一阶段为萌芽探索阶段，大致为 1993 年 7 月 15 日青岛啤酒在香港上市，至 1998 年 8 月 28 日香港应对亚洲金融危机初战告捷。第二阶段为低迷发展阶段，自 1999 年亚洲金融危机的影响减退至 2004 年 1 月股权分置改革提出之前。第三阶段为深入发展阶段，自 2004 年 1 月股权分置改革提出至全球次贷危机消退。第四阶段为震荡发展阶段，自全球次贷危机消退至沪港通互联互通机制提出之前。第五阶段为发展融合阶段，自沪港通互联互通机制提出至今。由于样本起点为 2000 年 1 月 1 日，因此，在下文的实证分析中，将我国双重上市公司的发展历程划分为四个阶段，并设置相应的虚拟变量。即 2000 年 1 月 1 日至 2003 年 12 月 31 日，为第一阶段；2004 年 1 月 1 日至 2009 年 3 月 31 日，为第二阶段；2009 年 4 月 1 日至 2014 年 4 月 9 日，为第三阶段；2014 年 4 月 10 日至 2015 年 12 月 31 日，为第四阶段。为了与表示双重上市公司发展阶段的虚拟变量进行对比，另外，设置虚拟变量 $Crisis_t$，使次贷危机期间 $Crisis_t = 1$，其他时间 $Crisis_t = 0$，与以上设定进行对比。

$$P\_1_t = \begin{cases} 1 & 第二阶段 \\ 0 & 其他 \end{cases} \quad (6.15)$$

$$P\_2_t = \begin{cases} 1 & 第三阶段 \\ 0 & 其他 \end{cases} \quad (6.16)$$

$$P\_3_t = \begin{cases} 1 & 第四阶段 \\ 0 & 其他 \end{cases} \quad (6.17)$$

$$Crisis_t = \begin{cases} 1 & 次贷危机期间 \\ 0 & 其他 \end{cases} \quad (6.18)$$

6.2.2 数据说明

本章的研究对象，依然是在内地和香港股票市场同时上市的 A + H 双重上市公司。如上文所述，截至 2015 年 12 月 31 日，我国共有 88 家上市公司实现了 A 股和 H 股双重上市。在以上 88 家 A + H 双重上市公司中，有 42 家上市公司参与了股权分置改革，但是，有 12 家上市公司在香港证券交易所的上市时间，晚于该上市公司 A 股参与股权分置改革的时间，因此，无法对股权分置改革在以上 12 家上市公司股票价格差异变动中的作用进行分析。对于剩余 30 家双重上市公司，则可以利用股权分置改革前后的数据，进行相关分析。因此，本章最终确定的研究对象，为 30 家 A + H 双重上市公司。

在下面的研究中，选用 2000 年 1 月 1 日至 2015 年 12 月 31 日股票市场日度数据以及周度数据作为研究对象。根据上文的说明，因变量使用的股票价格，选用股票每日收盘价格，以及经过正常现金、异常现金调整，以及分立、拆股、股票股利（红利）、配股等调整后的价格，数据来自于 Wind 数据库和 Bloomberg 数据库。文中使用到的股票股数，不仅包括 A 股以及 H 股流通股股数，还包括 A 股合计股数，为了确保 A 股合计这一指标数据的准确性，对于 A 股股票市场总股数的计算，采用了两种方法，分别是 A 股流通股与 A 股限售股（A 股股改前非流通股）之和，以及总股本减去海外上市股、香港上市股以及 B 股合计，经过检验，两种计算方式所得结果是一致的。以上数据来源于 Wind 数据库。除上述指标外，股票交易量、股票市场价值、股票市场大盘指数（上证综合指数和恒生指数）以及人民币兑港币的汇率数据也来源于 Wind 数据库，且经过 Bloomberg 数据库核查。

6.3 双重上市公司股票价格差异研究

6.3.1 模型设定

按照上文设定的变量选择标准，在实证部分，将结合股权分置改革，以及双重上市公司的发展历程，对两地股票价格差异的影响因素进行分析。

根据上文的论述，由于国内投资者的投资品种匮乏、可选择性小，A 股的供给相对缺乏，因此，A 股的股票价格较高，从而形成对 H 股的溢价。在这种假定下，A 股股票的供给越多，A 股的股票价格越低，A 股和 H 股之间的价格差异越小，即 A 股股票相对于 H 股股票的供给量越多，两地股票价格差异越小。此外，如果 A 股股票相对于 H 股股票的流动性较差,即如果 A 股股票的风险较高,则 A 股的投资者会要求较高的收益率,因而 A 股股票的定价较低,A 股股票和 H 股股票之间的价格差异会缩小。对于我国股票市场而言,相对于内地投资者 H 股股票市场的境外投资者,在获取中国上市公司的相关信息方面,存在劣势,由于信息不对称的存在,导致境内和境外投资者对股票的认知是不同的,对股票的期望收益率也存在差异,进而导致股票价格产生差异。因此,信息不对称的程度越低,两地股票价格的差异应该越小。根据以上说明,我们提出本章的第一个假设。

假设 1:A 股股票相对于 H 股股票的供给量越多、流动性越差、风险越高,A 股和 H 股的股票价格差异越小。

由于股票价格反映股票的内在价值,对于 A + H 双重上市公司而言,当人民币存在升值预期时,一方面,境外投资者会对中国上市公司的未来发展充满信心,进而增加对 H 股股票的投资,推动 H 股股票价格的升高;另一方面,为了获取人民币升值后的利润,境外投资者也会倾向于购买 H 股股票。因此,我们将汇率的变动加入考察的模型中,当人民币存在升值预期时,H 股股票价格上升,A 股股票和 H 股股票的价格差异缩小。

$$PREM_{i,t} = \alpha_1 + \beta_1 DEM_{i,t} + \beta_2 LQ_{i,t} + \beta_3 INF_{i,t} + \beta_4 SD_{i,t} + \beta_5 ERC_t + \varepsilon_{i,t}$$
(6.19)

$$PREM_{i,t} = \alpha_1 + \beta_1 DEM_{i,t} + \beta_2 LQ_{i,t} + \beta_3 INF_{i,t} + \beta_4 SD_{i,t} + \beta_5 Edummy_t + \varepsilon_{i,t}$$
(6.20)

$$PREM_{i,t} = \alpha_1 + \beta_1 DEM_{i,t} + \beta_2 LQ_{i,t} + \beta_3 INF_{i,t} + \beta_4 SD_{i,t} + \beta_5 ERC_t + \beta_6 trend + \varepsilon_{i,t}$$
(6.21)

$$PREM_{i,t} = \alpha_1 + \beta_1 DEM_{i,t} + \beta_2 LQ_{i,t} + \beta_3 INF_{i,t} + \beta_4 SD_{i,t} + \beta_5 ERC_t + \sum_{k=6}^{n} \beta_k Controls + \varepsilon_{i,t}$$
(6.22)

在以上四个模型中,为了去除时间趋势在其中的影响,我们加入了时间趋势项作为控制变量。此外,还加入表示我国双重上市公司发展阶段的控制变量,以及代表次贷危机的控制变量进行对比分析。

在上文中,对股权分置改革进行了详细地分析,在股权分置改革之前,A 股股票价格并不能真实地反映股票的内在价值,A 股和 H 股股票价格存在较大差异。股权分置改革,解决了中国股票市场特有的流通股和非流通股并存的问题,股权分置改革之后,A 股股票逐步实现自由流通,对于 A 股股票市场的发展和完善有着重要的意义。由于股权分置改革从根本上解决了股票市场股权分置的现象,增加了 A 股股票的供给量,提高了 A 股股票的流动性,因此,A 股股票的价格更为合理。同时,股权分置改革之后,上市公司的透明度提高,信息不对称的程度降低,也减少了 A 股股票的风险。因此,本书认为,在股权分置改革之后,A 股和 H 股股票价格差异应该是缩小的。

假设 2:股权分置改革之后,A 股和 H 股的股票价格差异缩小。

$$PREM_{i,t} = \alpha_1 + \beta_1 DEM_{i,t} + \beta_2 LQ_{i,t} + \beta_3 INF_{i,t} + \beta_4 SD_{i,t} \\ + \beta_5 ERC_t + \beta_6 Dummy1 + \varepsilon_{i,t} \quad (6.23)$$

$$PREM_{i,t} = \alpha_1 + \beta_1 DEM_{i,t} + \beta_2 LQ_{i,t} + \beta_3 INF_{i,t} + \beta_4 SD_{i,t} \\ + \beta_5 ERC_t + \beta_6 Dummy2 + \beta_7 Dummy3 + \varepsilon_{i,t} \quad (6.24)$$

$$PREM_{i,t} = \alpha_1 + \beta_1 DEM_{i,t} + \beta_2 LQ_{i,t} + \beta_3 INF_{i,t} + \beta_4 SD_{i,t} \\ + \beta_5 Edummy_t + \beta_6 Dummy1 + \varepsilon_{i,t} \quad (6.25)$$

$$PREM_{i,t} = \alpha_1 + \beta_1 DEM_{i,t} + \beta_2 LQ_{i,t} + \beta_3 INF_{i,t} + \beta_4 SD_{i,t} \\ + \beta_5 Edummy_t + \beta_6 Dummy2 + \beta_7 Dummy3 + \varepsilon_{i,t} \quad (6.26)$$

$$PREM_{i,t} = \alpha_1 + \beta_1 DEM_{i,t} + \beta_2 LQ_{i,t} + \beta_3 INF_{i,t} + \beta_4 SD_{i,t} \\ + \beta_5 ERC_t + \beta_6 Dummy1 + \beta_7 trend + \varepsilon_{i,t} \quad (6.27)$$

$$PREM_{i,t} = \alpha_1 + \beta_1 DEM_{i,t} + \beta_2 LQ_{i,t} + \beta_3 INF_{i,t} + \beta_4 SD_{i,t} \\ + \beta_5 ERC_t + \beta_6 Dummy2 + \beta_7 Dummy3 + \beta_8 trend + \varepsilon_{i,t} \quad (6.28)$$

在以上模型中,我们使用虚拟变量对股权分置改革进行衡量,按照上文的设定,将股权分置改革分别划分为两个阶段和三个阶段,在进行对比分析,探究股权分置改革的不同阶段,A 股和 H 股股票价格的差异是否发生了变化。在模型的设定中,依旧考虑了汇率的变动,以及时间趋势对结果产生的影响。此外,也加入表示我国双重上市公司发展阶段的控制变量,以及代表次贷危机的控制变量,使用下列模型,与上述结果进行对比分析。

$$PREM_{i,t} = \alpha_1 + \beta_1 DEM_{i,t} + \beta_2 LQ_{i,t} + \beta_3 INF_{i,t} + \beta_4 SD_{i,t}$$
$$+ \beta_5 ERC_t + \beta_6 Dummy1 + \sum_{k=7}^{n} \beta_k Controls + \varepsilon_{i,t} \quad (6.29)$$

$$PREM_{i,t} = \alpha_1 + \beta_1 DEM_{i,t} + \beta_2 LQ_{i,t} + \beta_3 INF_{i,t} + \beta_4 SD_{i,t}$$
$$+ \beta_5 ERC_t + \beta_6 Dummy2 + \beta_7 Dummy3 + \sum_{k=8}^{n} \beta_k Controls + \varepsilon_{i,t}$$
$$(6.30)$$

使用虚拟变量对股权分置改革进行衡量时,是将样本划分为几个阶段,无法观察随着时间的推移,A 股流通股的变动是怎样影响两地股票价格差异的。因此,为了考察股权分置改革之后,随着 A 股流通股的增加,两地股票价格差异的变动情况,我们使用 A 股流通股所占的比例对股权分置改革的作用进行衡量,当 A 股流通股数量增多时,A 股流通股所占比例增加,A 股股票价格降低。由此,我们提出第三个假设:

假设 3:随着 A 股流通股的增多,A 股和 H 股的股票价格差异缩小。

$$PREM_{i,t} = \alpha_1 + \beta_1 TR_{i,t} + \varepsilon_{i,t} \quad (6.31)$$

$$PREM_{i,t} = \alpha_1 + \beta_1 TR_{i,t} + \beta_2 DEM_{i,t} + \beta_3 LQ_{i,t} + \beta_4 INF_{i,t}$$
$$+ \beta_5 SD_{i,t} + \beta_6 ERC_t + \varepsilon_{i,t} \quad (6.32)$$

$$PREM_{i,t} = \alpha_1 + \beta_1 TR_{i,t} + \beta_2 DEM_{i,t} + \beta_3 LQ_{i,t} + \beta_4 INF_{i,t}$$
$$+ \beta_5 SD_{i,t} + \beta_6 Edummy_t + \varepsilon_{i,t} \quad (6.33)$$

$$PREM_{i,t} = \alpha_1 + \beta_1 TR_{i,t} + \beta_2 DEM_{i,t} + \beta_3 LQ_{i,t} + \beta_4 INF_{i,t}$$
$$+ \beta_5 SD_{i,t} + \beta_6 ERC_t + \beta_7 trend + \varepsilon_{i,t} \quad (6.34)$$

$$PREM_{i,t} = \alpha_1 + \beta_1 TR_{i,t} + \beta_2 DEM_{i,t} + \beta_3 LQ_{i,t} + \beta_4 INF_{i,t}$$
$$+ \beta_5 SD_{i,t} + \beta_6 ERC_t + \sum_{k=7}^{n} \beta_k Controls + \varepsilon_{i,t} \quad (6.35)$$

在以上的模型中，使用A股流通股与A股合计之比，表示股权分置改革过程中A股流通股的变动趋势。与上文的设定相同，在研究过程中，考虑了汇率的变动，以及时间趋势对实证结果的影响，同时加入表示我国双重上市公司发展阶段的控制变量，以及代表次贷危机的控制变量，进行对比分析。

6.3.2 实证结果分析

在对实证结果进行分析之前，需要指出的是，因为A股和H股流通股的变动频率都很低，因此，使用周度数据对A股和H股股票市场进行考察，更为合理。因此，在下文中，我们呈现的实证结果，为股票市场周度数据的回归结果，使用日度数据进行回归的结果见附录3（使用股票的收盘价格）和附录4（使用经过调整的股票价格）。此外，本部分涉及的实证模型较多，在对股票市场的面板数据进行分析前，首先对模型进行选择。使用Wald检验以及LR检验，对混合OLS模型与固定效应模型进行选择；使用B-P检验以及LR检验，对混合OLS模型与随机效应模型进行选择；使用Hausman检验，对固定效应模型和随机效应模型进行选择。根据以上检验的结果，确定每个回归方程采用的模型，并进行后续的分析。

表6-1是使用中国A+H双重上市公司股票市场的周度数据进行回归的结果，表6-1使用股票的收盘价格，附录2.1使用经过分红派息调整后的股票价格。在表6-1中，根据第一列的回归结果，表示需求差异的变量$DEM_{i,t}$，其系数在1%的置信水平下，是显著为负的，这与经典假设的结论是一致的，当A股股票的相对供给量增多时，A股股票的价格降低，进而缩小A股和H股股票价格之间存在的差异。其次，流动性差异的替代变量$LQ_{i,t}$的系数在1%的置信水平下，是显著为正的。由于流动性相对较差

的股票，投资者会要求较高的回报率，因而股票价格较低，因此，当A股股票相对于H股股票的流动性较低时，相对不活跃的交易会使A股股票和H股股票之间的价格差异缩小。再次，代表信息因素的变量$INF_{i,t}$系数在5%的置信水平下，是显著为正的，根据经典假设，当上市公司的市值较高时，信息不对称程度应该较低，从而两地股票价格差异应该较小。但我们的实证结果并没有验证这个假设，部分原因在于，在中国的股票市场中，A股的发行量受到证监会的监管，因此，A股流通股的数量是相对稳定的，且在股权分置改革之前，非流通股股票的数量非常多。此时，上市公司的股票市值主要与股票价格相关，当A股股票价格上升时，上市公司的市值增加。因此，上市公司的市值和股票价格差异之间存在正向关系。最后，对于衡量两个股票市场相对风险性的变量$SD_{i,t}$而言，其系数在1%的置信水平下也是显著为负的。A股股票相对于H股股票的风险越大，投资者对A股股票要求的期望回报率越高，A股股票价格越低，A股股票和H股股票价格的差异越小。在第一列中，我们还对人民币兑港币汇率的变动进行考察，在1%的置信水平下，ERC_t的系数显著为正，表明当人民币升值时，两地股票价格差异减小，这与现实情况是完全一致的。由于当人民币存在升值预期时，境外投资者看好中国上市公司的发展前景，更愿意持有中国上市公司的股票，进而投资于H股，造成H股股票价格的上升，这与境外投资者更关注中国宏观经济状况的观点是一致的。以上结果表明，在不考虑控制变量的前提下，我国双重上市公司股票价格差异的影响因素，与经典假设的结论并没有明显区别。在第二列中，我们改变衡量汇率变动的变量。由于在汇率制度改革之前，汇率基本保持恒定，在改革之后，这种状况得以改变。因此，我们仅考虑汇率改革之后，汇率变动对股票价格差异的影响。结果表明，在汇率制度改革之后，随着人民币的升值，A股和H股股票价格差异减小，说明上述结果是稳健的。在第三列和第四列中，我们加入了表示时间趋势的变量，从结果可以看出，在1%的置信水平下，表示时间趋势的变量是显著为负的，说明随着时间的推移，两地股票价格差异是逐渐缩小的，尽管如此，由于其他变量没有明显的变化（只有衡量风险差异的变量 $SD_{i,t}$ 的系数不再是显著异于 0 的），说明在去除了时间变动趋势的影响之后，主要影响因素的作用机制，并没有发生改变。在第五列中，加入了衡量双重上市公司不同发展阶段的变量，此时，在 1% 的置信水平下，P_1_t、P_2_t 和 P_3_t 都是显著为负的，说明在双重上市公司发展的第二阶段、第三阶段以及第四阶段，两地股票价格差异都是不断缩小的。第二阶段自股权分置改革提出开始，这也侧面验证了股权分置改革之后，两地股票价格差异开始逐步缩小。当控制变量换为表示次贷危机的变量 $Crisis_t$ 时，在 1% 的置信水平下，$Crisis_t$ 系数是显著为负的，结果与上述结论没有明显差异，主要影响因素的结果都是稳健的，需要注意的是，此时两地证券市场指数之比 MI_t 是显著为正的，表明当 A 股股票市场指数相对于 H 股股票市场指数上升时，A 股相对于 H 股股票价格升高。附录 2.1 的结果与表 6－1 的结果是一致的，说明无论使用股票的收盘价格，还是使用经过分红派息调整的股票价格，对实证结果没有产生影响，同时，也说明上述影响因素对 A 股和 H 股股票价格差异产生了显著影响，以上分析都是合理的，回归结果是稳健的。以上实证结果验证了假设1，与本书的预期结果是一致的。

表 6－1　　　　　　　　　　股票价格差异回归结果 1

	(1)	(2)	(3)	(4)	(5)	(6)
DEM	－0.598† (－5.791)	－0.598† (－5.783)	－0.301† (－7.232)	－0.301† (－7.232)	－0.292† (－5.469)	－0.627† (－5.601)
LQ	0.0175† (3.887)	0.0175† (3.895)	0.00991† (3.923)	0.00991† (3.923)	0.0153† (3.963)	0.0171† (3.859)
INF	0.00645** (2.414)	0.00639** (2.386)	0.0108† (4.159)	0.0108† (4.162)	0.0212† (3.111)	0.00682 (1.569)
SD	－0.592† (－5.005)	－0.592† (－4.993)	0.0789 (1.584)	0.0784 (1.576)	－0.0415 (－0.638)	－0.445† (－4.672)
ERC	0.680† (4.994)	—	0.0423 (1.024)	—	0.146** (2.548)	0.364† (3.176)

续表

	(1)	(2)	(3)	(4)	(5)	(6)
Edummy	—	0.649† (5.284)	—	0.0816† (3.483)	—	—
trend	—	—	-0.544† (-19.371)	-0.545† (-19.435)	—	—
MI	—	—	—	—	0.175 (0.664)	1.821† (7.426)
P_1	—	—	—	—	-3.430† (-7.340)	—
P_2	—	—	—	—	-2.965† (-6.902)	—
P_3	—	—	—	—	-3.101† (-7.693)	—
Crisis	—	—	—	—	—	-1.550† (-6.515)
常数	3.170† (9.326)	3.170† (9.306)	10.47† (23.159)	10.47† (23.182)	4.475† (6.028)	0.953** (2.047)

注：† $p<0.01$，** $p<0.05$，* $p<0.1$，括号中 t 值经过稳健标准差计算所得。

下面对股权分置改革背景下，中国 A+H 上市公司股票价格差异问题进行研究。研究仍然使用股票市场的周度数据，结果见表 6-2 至表 6-4。为了更好地衡量股权分置改革，我们对两种衡量股票分置改革的变量进行对比分析。首先，使用虚拟变量代替股权分置改革时，将股权分置改革分别划分过两个阶段和三个阶段进行考察，回归结果见表 6-2 和表 6-3。使用 A 股流通股与 A 股合计之比衡量股权分置改革时，主要考察流通股变动与股票价格差异之间的动态变动关系，所得回归结果见表 6-4。以上结果均使用股票的收盘价格，相对应的，当使用经过分红派息调整的股票价格时，我们按照上述分析进行研究，具体结果见附录 2.2 至附录 2.4。

在表 6-2 的第一列中，表示需求差异、流动性差异、风险差异以及信息不对称差异的变量，与上文结果一致，在 1% 的置信水平下，$DEM_{i,t}$、$SD_{i,t}$ 是显著为负的，$LQ_{i,t}$、$INF_{i,t}$ 是显著为正的，表明 A 股股票相对于 H 股股票的供给量越多、流动性越差、风险越高，A 股和 H 股的股票价格差异越小。另外，在1%的置信水平下，ERC_t的系数也是显著为正的，表明当人民币升值时，两地股票价格差异缩小，这与上文的结果也是一致的，当人民币存在升值预期时，投资者倾向于持有H股股票，进而推升H股股票的价格。$Dummy1$是代表股权分置改革的虚拟变量，当$Dummy1=1$时，表示样本处于股权分置改革之后，在1%的置信水平下，该变量的系数是显著为负的，即在股权分置改革之后，A股和H股股票价格之间的差异明显缩小。这一结果验证了我们的假设2，在股权分置改革之前，A股股票价格并不能真实地反映股票的内在价值，A股和H股股票价格存在较大差异。股权分置改革之后，A股股票逐步实现自由流通，增加了A股股票的供给量，提高了A股股票的流动性，因此，A股股票的价格更为合理。同时，股权分置改革之后，上市公司的透明度提高，信息不对称的程度降低，也减少了A股股票的风险。因此，A股和H股股票价格差异不断缩小。

表6-2　　　　　　　　股票价格差异回归结果2

	(1)	(2)	(3)	(4)	(5)	(6)
DEM	$-0.203^†$	$-0.202^†$	$-0.285^†$	$-0.285^†$	$-0.271^†$	$-0.158^†$
	(-6.011)	(-5.982)	(-7.658)	(-7.657)	(-4.862)	(-3.726)
LQ	$0.0171^†$	$0.0171^†$	$0.00999^†$	$0.00999^†$	$0.0154^†$	$0.0168^†$
	(3.835)	(3.840)	(3.867)	(3.867)	(3.937)	(3.836)
INF	$0.0267^†$	$0.0267^†$	$0.0137^†$	$0.0137^†$	$0.0230^†$	$0.0193^†$
	(5.221)	(5.213)	(4.748)	(4.750)	(3.528)	(3.192)
SD	$-0.416^†$	$-0.416^†$	0.109	0.109	-0.0290	$-0.287^†$
	(-4.073)	(-4.056)	(1.132)	(1.124)	(-0.454)	(-3.556)
ERC	$0.416^†$	—	0.0336	—	0.114^*	0.259^{**}
	(4.349)		(0.826)		(1.900)	(2.612)
Edummy	—	$0.387^†$	—	$0.0726^†$	—	—
		(4.938)		(3.283)		
Dummy1	$-1.737^†$	$-1.740^†$	$-1.244^†$	$-1.243^†$	$-0.371^†$	$-1.748^†$
	(-5.540)	(-5.546)	(-7.087)	(-7.086)	(-2.850)	(-6.374)
trend	—	—	$-0.466^†$	$-0.466^†$		
			(-15.263)	(-15.315)		

续表

	(1)	(2)	(3)	(4)	(5)	(6)
MI	—	—	—	—	0.333 (1.112)	1.814† (7.244)
P_1	—	—	—	—	−3.229† (−6.366)	—
P_2	—	—	—	—	−2.625† (−5.225)	—
P_3	—	—	—	—	−2.770† (−5.873)	—
Crisis	—	—	—	—	—	−0.672† (−4.519)
常数	3.458† (9.940)	3.458† (9.928)	10.36† (22.900)	10.36† (22.919)	4.228† (5.307)	1.081** (2.189)

注：† $p<0.01$，** $p<0.05$，* $p<0.1$，括号中 t 值经过稳健标准差计算所得。

在表 6-2 的第二列中，我们仅仅考虑汇率制度改革之后，汇率的变动对两地股票价格差异的影响，即使用 $Edummy_t$ 对汇率的变动进行衡量，结果没有发生任何改变，在 1% 的置信水平下，其系数依然是显著为正的，与使用 ERC_t 时结果保持一致，说明汇率变动对结果的影响是稳健的，当人民币升值时，两地股票价格价格缩小。此时，$Dummy1$ 在 1% 的置信水平下，依然是显著为负的，说明结果是稳健的。加入表示时间趋势的变量之后，结果见第三列和第四列，首先，在 1% 的置信水平下，时间趋势项都是显著为负的，说明随着时间的推移，两地股票价格差异是逐步缩小的。其次，衡量股权分置改革的变量，在 1% 的置信水平下，也是显著为负的，说明在去除时间趋势的影响之后，股权分置改革的作用依然显著，在改革之后，两地股票价格差异依然是缩小的。此外，汇率的变动对结果的影响没有发生改变，与上文是保持一致的。在第五列和第六列中，我们加入了一些控制变量。在 1% 的置信水平下，P_1_t、P_2_t 和 P_3_t 都是显著为负的，说明在双重上市公司发展的第二阶段、第三阶段以及第四阶段，两地股票价格差异都是不断缩小的。与上文一致，由于第二阶段自股权分置改革提出开始，这也侧面验证了股权分置改革之后，两地股票价格差异开始逐步缩小。$DEM_{i,t}$、$LQ_{i,t}$、$INF_{i,t}$以及ERC_t的系数是稳健的,但$SD_{i,t}$的系数不再是显著异于0的。当控制变量换为表示次贷危机的$Crisis_t$时,结果与没有加入控制变量的情况是完全一致的。综上所述,在股权分置改革之后,A股和H股股票价格差异是逐渐缩小的。附录2.2使用经过分红派息调整后的股票价格作为考察对象,实证结果没有发生变化。

在以上研究的基础上,将股权分置改革划分为三个阶段进行研究。第一阶段,股权分置改革之前;第二阶段,股权分置改革完成至A股股票全部自由流通;第三阶段,A股股票全部自由流通之后。按照上义的设定,我们进行了如下的分析,实证分析结果见表6-3。首先,在第一列中,在1%的置信水平下,$DEM_{i,t}$、$SD_{i,t}$都是显著为负的,$LQ_{i,t}$、$INF_{i,t}$都是显著为正的,ERC_t和$Edummy_t$的系数也分别是显著为正的,与上文结果一致,表明A股股票相对于H股股票的供给量越多、流动性越差、风险越高,A股和H股的股票价格差异越小,同时,当人民币升值时,两地股票价格差异也在不断地缩小。$Dummy2$以及$Dummy3$在1%的置信水平下,均是显著为负的,且$Dummy2 < Dummy3$,结果表明在股权分置改革的第二阶段,即在股权分置改革完成至A股完全流通之前,两地股票价格差异是缩小的。A股完全流通之后,两地股票价格依然是缩小的,但是相比于第二阶段,价格差异缩小的幅度是减小的。在第二列中,我们改变汇率变动的设定方式,以上结果并没有发生改变。其次,考虑时间趋势变动的影响。在1%的置信水平下,时间趋势项是显著为负的,但$Dummy2$以及$Dummy3$也是显著为负的,说明尽管随着时间的推移,两地股票价格差异是逐渐缩小的,但是去除时间趋势的影响之后,股权分置改革的后两个阶段,仍然对股票价格的变动产生了显著影响。加入表示双重上市公司发展阶段的控制变量之后,$DEM_{i,t}$、$LQ_{i,t}$、$INF_{i,t}$以及ERC_t的系数是稳健的,但$SD_{i,t}$的系数不再是显著异于0的。在1%的置信水平下,P_1_t、P_2_t和P_3_t都是显著为负的,也与上文结果一致。值得注意的是,此时,$Dummy2$的系数在1%的置信水平下依然是显著为负的,但$Dummy3$的系数不再是显著异

于 0 的,再次证明了上文的结论,即 A 股股票全部自由流通之后,两地股票价格差异已经缩小很多与前两个阶段的股票价格差异相比,第三阶段股票价格差异缩小的幅度非常小。当控制变量换为表示次贷危机的 $Crisis_t$ 时,结果与没有加入控制变量的情况是完全一致的。

表 6-3 股票价格差异回归结果 3

	(1)	(2)	(3)	(4)	(5)	(6)
DEM	-0.288† (-7.088)	-0.288† (-7.071)	-0.309† (-9.036)	-0.309† (-9.035)	-0.317† (-6.793)	-0.248† (-5.306)
LQ	0.0172† (3.811)	0.0172† (3.816)	0.0100† (3.846)	0.0100† (3.847)	0.0154† (3.928)	0.0169† (3.809)
INF	0.0273† (5.246)	0.0273† (5.239)	0.0138† (4.798)	0.0138† (4.800)	0.0248† (4.572)	0.0197† (3.217)
SD	-0.420† (-4.107)	-0.420† (-4.089)	0.110 (1.146)	0.110 (1.138)	-0.0455 (-0.667)	-0.289† (-3.580)
ERC	0.396† (4.199)	—	0.0340 (0.837)	—	0.118* (1.957)	0.244** (2.475)
Edummy	—	0.367† (4.787)	—	0.0731† (3.313)	—	—
Dummy2	-1.766† (-5.561)	-1.769† (-5.567)	-1.241† (-7.063)	-1.241† (-7.062)	-0.220* (-1.931)	-1.823† (-6.518)
Dummy3	-1.450† (-5.101)	-1.452† (-5.103)	-1.087† (-5.501)	-1.086† (-5.499)	-0.0606 (-0.555)	-1.428† (-5.562)
trend	—	—	-0.471† (-15.296)	-0.471† (-15.348)	—	—
MI	—	—	—	—	—	1.822† (7.304)
P_1	—	—	—	—	-3.360† (-8.046)	—
P_2	—	—	—	—	-2.863† (-7.517)	—
P_3	—	—	—	—	-3.004† (-7.834)	—
Crisis	—	—	—	—	—	-0.581† (-4.005)
常数	3.501† (9.932)	3.501† (9.922)	10.37† (22.914)	10.37† (22.933)	4.742† (11.408)	1.112** (2.260)

注:† $p<0.01$,** $p<0.05$,* $p<0.1$,括号中 t 值经过稳健标准差计算所得。

附录 2.3 是因变量使用分红派息调整后的股票价格进行回归的结果，从结果来看，与表 6-3 的结果没有本质差异，说明使用经过分红派息调整后的股票价格，并不影响实证回归结果。以上分析验证了假设 1 和假设 2。

在表 6-4 中，使用 A 股流通股所占的比例 $TR_{i,t}$ 衡量股权分置改革，对股权分置改革和两地股票价格差异之间的动态关系进行分析。在表 6-4 的第一列中，仅考虑两地股票价格差异与 A 流通股所占比例之间的关系时，可以看出，在 1% 的置信水平下，$TR_{i,t}$ 的系数是显著为负的，表明随着 A 股流通股数量的增多，A 股流通股与 A 股合计的比值逐渐接近 1，A 股和 H 股股票价格差异逐渐缩小。当加入控制变量时，两者之间的关系并没有发生改变，此外，包括 $DEM_{i,t}$、$LQ_{i,t}$、$SD_{i,t}$ 在内的变量，结果都是稳健的，在 1% 的置信水平下，当 A 股股票相对供给量增多时，A 股股票的价格降低，进而缩小 A 股和 H 股股票价格的差异。当 A 股相对于 H 股股票的流动性增加时，相对活跃的交易会使股票价格的差异增大。对于衡量两个股票市场相对风险性的变量 $SD_{i,t}$ 来讲，A 股相对于 H 股股票的风险越大，投资者对 A 股股票要求的期望回报率越高，A 股股票价格越低，A 股和 H 股股票价格的差异越小。在第二列和第三列中，ERC_t 以及 $Edummy_t$ 的系数在 1% 的置信水平下，都是显著为正的，表明当人民币升值时，两地股票价格差异缩小，这与上文的结论都是一致的。当加入表示双重上市公司发展阶段的虚拟变量之后，上述结果基本没有发生改变，且在 1% 的置信水平下，P_1_t、P_2_t 和 P_3_t 都是显著为负的，说明在双重上市公司发展的第二阶段、第三阶段以及第四阶段，两地股票价格差异都是不断缩小的。当控制变量换为表示次贷危机的 $Crisis_t$ 时，结果与没有加入控制变量的情况是完全一致的。附录 2.4 是因变量使用分红派息调整后的股票价格进行回归的结果，从结果来看，与表 6-4 的结果没有本质差异，说明使用经过分红配戏调整后的股票价格，并不影响实证回归结果。以上结果验证了假设 1 和假设 3。

表 6-4　　股票价格差异回归结果 4

	（1）	（2）	（3）	（4）	（5）	（6）	（7）
TR	-2.056† (-5.494)	-1.263† (-3.826)	-1.264† (-3.823)	-0.336** (-2.454)	-0.335** (-2.453)	-0.279* (-1.771)	-1.325† (-3.753)
DEM	—	-0.226† (-7.346)	-0.226† (-7.320)	-0.238† (-9.110)	-0.238† (-9.110)	-0.240† (-6.646)	-0.235† (-7.041)
LQ	—	0.0173† (3.952)	0.0173† (3.961)	0.00986† (3.950)	0.00986† (3.951)	0.0152† (3.974)	0.0169† (3.929)
INF	—	-0.0149 (-0.820)	-0.0153 (-0.841)	0.0478** (2.240)	0.0480** (2.243)	0.122** (2.444)	-0.0201 (-0.652)
SD	—	-0.567† (-4.898)	-0.567† (-4.886)	0.0802 (1.627)	0.0797 (1.619)	-0.0425 (-0.657)	-0.418† (-4.452)
ERC	—	0.675† (5.003)	—	0.0417 (1.018)	—	0.148** (2.585)	0.356† (3.161)
Edummy	—	—	0.646† (5.280)	—	0.0810† (3.447)	—	—
trend	—	—	—	-0.539† (-18.908)	-0.540† (-18.973)	—	—
MI	—	—	—	—	—	0.166 (0.600)	1.829† (7.418)
P_1	—	—	—	—	—	-3.444† (-7.183)	—
P_2	—	—	—	—	—	-2.955† (-6.657)	—
P_3	—	—	—	—	—	-3.114† (-7.272)	—
Crisis	—	—	—	—	—	—	-1.564† (-6.487)
常数	2.898† (8.993)	3.317† (9.216)	3.318† (9.198)	10.48† (23.206)	10.48† (23.227)	4.468† (5.911)	1.103** (2.176)

注：† p<0.01，** p<0.05，* p<0.1，括号中 t 值经过稳健标准差计算所得。

6.4　本章小结

在双重上市公司中，普遍存在 A 股相对于 H 股溢价的现象，但溢价程度随着时间的推移在逐渐缩小，本章在以上背景下，对双重上市公司股票价格差异产生的原因，以及股票价格差异逐渐缩小的原因进行研究，并着重对股权分置改革在其中的作用进行分析。实证结果不但验证了经典文献中影响双重上市公司股票价格差异的因素，更对股权分置改革对股票价格差异的影响进行了分析。

首先，我国双重上市公司的股票价格差异，与四个主要影响因素之间的关系与以往的研究基本一致。随着A股股票相对供给量的增多、相对风险的增加以及相对流动性的降低，A股和H股股票价格的差异缩小。但与以往研究不一致的地方在于，股票的市值与两地股票价格差异正相关，即随着股票市值的增加，两地的股票价格差异是扩大的。部分原因在于，在中国股票市场中，由于A股的发行量受到证监会的监管，A股流通股数量是相对稳定的，股票市值主要与股票价格相关，当A股股票价格上升时，上市公司市值增加，因此，上市公司市值和股票价格差异之间存在正向关系。

其次，汇率变动对双重上市公司股票价格差异的影响是稳健的。结果表明，当人民币升值时，两地股票价格差异缩小。一个合理的解释是，当人民币存在升值预期时，境外投资者会对中国上市公司的未来发展充满信心，进而增加对H股股票的投资，推动H股股票价格的升高。同时，为了获取人民币升值后的利润，境外投资者也会倾向于购买H股股票，当人民币存在升值预期时，H股股票价格上升，A股股票和H股股票的价格差异缩小。

再次，在考虑我国双重上市公司不同的发展阶段之后，上述结果没有发生实质的改变，只有表示股票风险差异的变量不再显著异于0，说明考虑双重上市公司不同发展阶段之后，A股和H股股票风险的差异，对股票价格差异产生的影响很小。此外，在双重上市公司发展的第二、第三和第四阶段，两地股票价格差异都有不同程度的减少，鉴于发展的第二阶段在股权分置改革提出之后，侧面验证了股权分置改革在两地股票价格差异中的作用,即在股权分置改革之后,两地股票价格差异逐步缩小。

最后,股权分置改革之后,随着 A 股流通股数量的增多,A 股和 H 股股票价格差异不断缩小。无论采用何种方式对股权分置改革进行衡量,所得的结果都是稳健的,在去除时间趋势产生的影响之后,结果也没有发生改变。因此,在股权分置改革之后,随着 A 股股票流通股的增加,两地股票价格差异缩小。此外,无论使用股票的收盘价格,还是使用经过分红派息调整后的股票价格构造因变量,所得结果没有差异,表明不同的价格衡量标准并不影响实证结果。

第 7 章

研究结论与政策建议

7.1 研究结论

本书的主要研究结论总结如下。

首先，随着我国证券市场的不断发展，越来越多的企业赴港上市，我国公司双重上市的发展历程经过了萌芽探索阶段、低迷发展阶段、深入发展阶段、震荡发展阶段以及发展融合阶段，逐步完善。

其次，股权分置改革包含多个重要的时期，采用事件研究法对 A 股和 H 股股票市场进行对比分析时发现，上市公司股权分置改革之后的首个交易日，以及上市公司第一个解禁交易日两个重要事件，对 A 股和 H 股股票市场产生的影响存在差异。第一，在对 A 股股票市场的研究中，两个事件发生时，A 股股票市场的反应存在明显的差异。在上市公司股权分置改革之后的首个交易日，A 股的平均异常收益率显著为正，在事件窗口期内，累计异常收益率也显著为正，说明股权分置改革对上市公司产生了显著地影响。而在上市公司第一个解禁交易日，尽管 A 股股票的平均异常收益率发生了下降，但并不是显著异于 0 的，事件窗口期内，A 股的累计异常收益率也并不是显著异于 0 的，说明市场对于限售股解禁的消息反应较为平稳。第二，在对 H 股股票市场的研究中，两个重要事件对 H 股股票产生的影响也存在差异。在上市公司股权分置改革之后首个交易日之前的一个交易日，H 股的平均异常收益率显著为正，说明在上市公司股权分置改革完成之前，H 股股票市场已经对股权分置改革做出反应，而在上市公司第一个解禁交易日时，H股股票市场基本没有受到影响，说明H股股票市场对A股股票限售股的反应也较为平稳。

再次，在对双重上市公司股票收益率与两地证券市场收益率之间的联动关系进行考察时发现，A股股票收益率的变动，主要受到中国内地证券市场显著的正向影响，只有少数上市公司受到香港证券市场收益率变动的影响，另外，H股股票收益率则受到内地和香港两地证券市场的显著影响，但香港证券市场收益率的变动对H股股票收益率产生的影响更大。在考虑股权分置改革的影响之后发现，A股股票收益率仍然主要受内地证券市场收益率变动的影响，H股股票收益率也仍然受到两地证券市场收益率变动的共同影响，但在股权分置改革之后，部分上市公司A股和H股股票收益率，受到内地证券市场收益率变动的影响程度有所增强。

最后，在对我国双重上市公司股票价格差异影响因素的研究中发现：第一，随着A股股票相对供给量的增多、相对风险的增加以及相对流动性的降低，A股和H股股票价格的差异不断缩小。但与以往研究不一致的地方在于，股票的市值与两地股票价格差异正相关，即随着股票市值的增加，两地的股票价格差异是扩大的。部分原因在于，在中国股票市场中，由于A股的发行量受到证监会的监管，A股流通股数量是相对稳定的，股票市值主要与股票价格相关，当A股股票价格上升时，上市公司市值增加，因此，上市公司市值和股票价格差异之间存在正向关系。第二，当人民币升值时，两地股票价格差异缩小，且结果是稳健的。第三，在考虑我国双重上市公司不同的发展阶段之后，上述结果没有发生实质的改变，只有表示股票风险差异的变量不再显著异于0，说明考虑双重上市公司不同发展阶段之后，A股和H股股票风险的差异，对股票价格差异产生的影响很小。此外，在双重上市公司发展的第二、第三和第四阶段，两地股票价格差异都有不同程度的减少，鉴于发展的第二阶段在股权分置改革提出之后，侧面验证了股权分置改革在两地股票价格差异中的作用，即在股权分置改革之后，两地股票价格差异逐步缩小。第四，股权分置改革之后，A股和H股股票价格差异缩小。改变衡量股权分置改革的方法，以及考虑时间趋势产生的影响，结果都没有发生改变，即在股权分置改革之后，随着A股股票流通股的增加，两地股票价格差异缩小。第五，无论使用股票的收盘价格，还是使用经过分红派息调整后的股票价格构造因变量，对实证结果没有影响。

7.2　启示与政策建议

本书对中国A+H双重上市公司股票价格的联动机制以及股票价格差异的影响因素进行分析，造成A股和H股股票价格差异的原因，主要包括如下几个方面：由于境内投资者投资渠道较少，导致的A股股票供给相对较少；由于政策法规等原因，导致的A股和H股在流动性以及风险性方面存在的差异；由于市场信息不对称，造成境内投资者和境内投资者要求不同的股票期望收益率。此外，由于2006年之前，我国A股股票市场存在的市场分割现象，不流通股份削弱了市场的自主定价能力，股东和投资者之间的利益冲突使股票价格失真，也成为A股和H股股票价格形成巨大差异的原因。在经济全球化的影响下，我国资本市场的开放程度不断增加，2001年2月19日，中国股票市场开放境内个人居民投资B股市场，缓解了我国A股市场和B股市场的市场分割现象；2002年QFII（合格境外机构投资者）、2007年QDII（合格境内机构投资者）以及2011年RQFII（人民币合格境外机构投资者）的出台，都进一步开放了资本账户，将境外资本吸引到国内资本市场中。2014年11月17日以及2016年12月5日，沪港通和深港通的开通，更使我国A股市场和H股市场紧密地联系起来，我国股票市场的市场分割现象得以逐步缓解。在本书研究的基础上,结合 A 股和 H 股股票价格差异的影响因素,提出如下政策建议,以期逐步缓解 A 股和 H 股股票市场的市场分割现象,实现资本的双向流动。

7.2.1 推进资本市场开放

发展资本市场一直我国的一项重要任务,近年来,我国资本市场的发展初具规模,法律体系不断完善,市场规范化程度不断提高,一方面,有利于发挥资本市场优化资源配置,调整经济结构,促进经济发展的功能;另一方面,有利于完善资本市场结构,提高资本市场效率。在此背景下,为了促进中国资本市场与世界资本市场的融合,我国应该进一步推动资本市场的深化改革。首先,进一步对人民币的汇率形成机制进行改进和完善。人民币汇率机制已经进行了一系列重要变革,为了使市场供求在人民币汇率形成中,发挥更重要的作用。2015 年 12 月 1 日,人民币正式加入 SDR(特别提款权),标志着人民币国际化的进程进入一个新的阶段。目前,我国已经实现了自贸区的资本项目可兑换,长期来看,人民币国际化有利于我国资本项目的开放,有利于中国进出口企业规避汇率风险。其次,逐步推动我国资本市场的进一步对外和开放。目前,除了扩大 QFII(合格境外机构投资者)和 RQFII(人民币合格境外机构投资者)的投资,2015 年 10 月,国务院常务会议强调,研究启动 QDII2(合格境内个人投资者)境外投资试点,使人民币投资回流的渠道得以拓宽。2016 年 2 月,中国银行间债券市场进一步开放,符合条件的金融机构,可以投资银行间债券市场,此举扩大了债券市场的资金来源,有利于进一步降低社会融资成本,并提高我国债券市场在国家债券市场中的地位。在此背景下,我国应该坚定资本市场开放的决心,不断深化改革。再次,推动资本的双向流动。在我国资本市场开放的同时,应该进一步加强资本的双向流动。随着沪港通的运行走上正轨以及深港通的开通,两地股票市场的交流与合作进一步加强。此外,我国在允许境外机构在境内投资和交易的同时,应该允许更多境内金融机构和企业在境外发行人民币债券,进而实现资本的双向流动。

7.2.2　拓宽投资渠道

证券市场投资方面,我国应该拓宽境内投资者的投资渠道。目前,尽管境内投资者的投资品种较为匮乏,但我国并没有停止拓宽境内投资者投资渠道的步伐:2007年提出的"港股直通车",尽管目的在于放宽投资限制,但并没有能够实施;2014年11月17日,沪港通的开通打通了投资者投资港股的道路,沪港通之后,两地投资者的投资选择增加,这是我国资本市场开放的重要内容;2015年,我国提出了QDII2(合格境内个人投资者),在人民币资本项目尚且不可兑换的条件下,有限制的允许境内个人投资者投资境外资本市场,未来QDII2投资的领域主要包括境外股票、债券、基金等金融类产品,并购投资等实业投资以及境外不动产投资等,QDII2可以拓宽境内投资者的投资渠道,增加资产的流动性。未来,我国应该继续不断拓宽境内投资者的投资渠道、加强资本市场开放的同时,进一步研究、开发与股票相关的新品种及股票衍生品。

在证券市场之外,我国还应该积极发展人民币债券市场,改变企业筹资方式较为单一的局面,并改变债券融资发展相对落后的状况。此外,进一步研究与债券相关的新品种,重点关注风险较低的固定收益类产品的开发,为投资者提供收益保障性投资产品,丰富债券市场的可投资品种,促进债券市场的长远发展。

7.2.3　改善股票市场信息不对称现状

目前,我国上市公司普遍存在信息披露不及时、不真实以及不充分的问题，由于信息披露不及时，造成投资者未能及时获得公司的重大信息，进而失去获利或者退出市场的机会，这会造成投资者的损失。与此同时，不及时的信息容易被内部投资者利用，并进行内幕交易，进而对股票价格产生冲击；信息披露不真实，更使投资者的投资被误导，刻意掩盖公司损失的事实，或者刻意夸大公司的盈利，都使公司产生信任危机，并促使内幕交易的产生，影响市场效率；信息披露不充分导致与公司财务状况相关的指标披露不充分，使投资者的判断出现偏离。基于以上原因，我国应该规范上市公司的信息披露管理机制，完善信息披露制度。

监督机构方面，首先，目前我国上市公司的信息披露制度仍然以强制披露为主，在我国目前交易机制尚不完善的情况下，强制披露是必需的，在此情况下，国家如果出台相关措施鼓励自愿披露，上市公司在自愿披露的监督下，能够不断完善公司治理结构。其次，我国上市公司信息披露方面的法律法规体系，尚有很大改进空间。信息披露中的民事责任难以操作，无法切实保障中小投资者的合法权益。上市公司信息披露不规范、术语含糊的披露，都会造成投资者的误解，刻意掩盖的财务问题不能及时发现，都使投资者造成损失，但上市公司得不到及时有效的处罚。因此，我国证券监管应该在公正、公开、公平的基础上，建立与国际金融市场相适应的会计制度和准则、监管体系和法律法规，不断细化信息披露的要求，对信息披露的内容和方式进一步完善，加大违规的处罚力度，提高从业人员，特别是会计师事务所、法律事务所等机构从业人员的职业能力。制定自愿披露的奖励措施，同时建立健全社会信用体系，降低全社会的道德风险。

上市公司方面，首先，应该不断完善公司法人治理结构，上市公司应该按照现代企业制度的要求，完善公司的治理，在内部形成权力、决策以及监督机构三足鼎立的局面，便于相互制衡。其次，应该进一步完善独立董事制度，规范控股股东的行为。上市公司的董事和高级管理人员应该将股东的利益最大化作为工作的重点，将不断提高上市公司盈利水平作为工作的方向，因此，上市公司应该对损害上市公司发展，以及损害中小股东利益的控股股东进行处罚。最后，上市公司应该明确信息披露的义务和责任，从而保证披露的信息是真实准确的，以及信息具有时效性和所需的完整性。

7.2.4 完善监管措施

目前，我国证券市场的法律、法规可以分为四个层次，首先是全国人民代表大会或者全国人民代表大会常务委员会制定的《中华人民共和国公司法》；其次是国务院制定的行政法规，如《证券公司监督管理条例》；再次是证券监管部门等制定的部门规章制度或者规范性文件，如《首次发行股票并上市管理办法》；最后是由证券业协会、证券交易所等制定的自律规则，如《首次公开发行股票承销业务规范》。尽管我国证券市场的法律法规体系不断完善，但仍然存在一些问题：第一，在以上法律法规和自律性文件中，尚有一些领域没有涉及，如以保护中小投资者利益为核心的法律等，为了完善我国证券市场，建立健全证券法律体系是关键，我国应该不断完善与证券市场各个领域相关的法律，细化监管措施，对上市公司进行约束，对投资者利益进行保护。第二，我国证券法律执行存在滞后性。上市公司发生违规行为之后，到监管部门做出处罚，历时时间过长，这对于规范上市公司的上市行为是非常不利的，一些公司产生侥幸心理，进而铤而走险。因此，我国应该改善证券监管法律法规和自律性文件，保证法律是可以执行的，并且是很快可以得到执行的。第三，我国对于上市公司的违法行为处罚过轻。一方面，上市公司的一些违法行为没有界定，得不到处罚；另一方面，上市公司的违规行为经常以警告和罚款结束，弱化了证券法律法规的监管效果。为了规范和发展证券市场，我国应该完善监管法律法规的实施机制，加大执法力度，从根本上加强上市公司监管的制度建设，做好上市公司的监督和监管工作。

参考文献

[1] 巴曙松,朱元倩,顾媞. 股权分置改革后 A+H 股价差的实证研究 [J]. 当代财经, 2008 (5): 51-56.

[2] 陈汉文,陈向民. 证券价格的事件性反应——方法、背景和基于中国证券市场的应用 [J]. 经济研究, 2002 (1): 40-47.

[3] 陈雁云,何维达. 人民币汇率与股价的 ARCH 效应检验与模型分析 [J]. 集美大学学报(哲学社会科学版), 2006 (3): 72-75.

[4] 邓燊,杨朝军. 汇率制度改革后中国股市与汇市关系——人民币名义汇率与上证综合指数的实证研究 [J]. 金融研究, 2007 (12): 55-64.

[5] 韩德宗. A 股和 H 股市场软分割因素研究——兼论推出 QDII 的步骤和时机 [J]. 商业经济与管理, 2006 (3): 42-46.

[6] 郝云宏,林洁雷. 股权分置改革会影响 AH 股交叉上市溢价吗——立足流通股比视角的实证研究 [J]. 财经论丛, 2011 (11): 58-64.

[7] 蒋正华. 中国股票市场外国投资者所有权投资的限制与市场分割 [J]. 当代经济科学, 2004 (1): 14-19.

[8] 李大伟,朱志军,陈金贤. H 股相对于 A 股的折让研究 [J]. 中国软科学, 2004 (1): 37-42.

[9] 李庆峰,黄维加. 限售股解禁的市场效应与影响因素研究 [J]. 宏观经济研究, 2007 (7): 56-63.

[10] 李媛. 双重上市公司的汇率风险暴露问题研究 [J]. 金融理论与实践, 2015 (8): 42-47.

[11] 李媛, 吴菲菲. A+H 双重上市公司股票价格差异与汇率变动研究 [J]. 国际贸易问题, 2016 (2): 134-144.

[12] 李媛. 中国双重上市公司股票价格差异与联动性研究 [J]. 金融与经济, 2016 (10): 19-24.

[13] 李媛. "沪港通"背景下交叉上市公司股票价格发现与联动性研究 [J]. 商业研究, 2016 (11): 41-46.

[14] 刘昕. 中国 A、H 股市场分割的根源分析 [J]. 南开管理评论, 2004 (5): 19-23.

[15] 潘越, 戴亦一. 双重上市与融资约束——来自中国"A+H"双重上市公司的经验证据 [J]. 中国工业经济, 2008 (5): 139-149.

[16] 潘越, 戴亦一. 双重上市、信号幻觉与融资效应 [J]. 经济管理, 2010 (3): 117-124.

[17] 沈红波, 廖冠民, 廖理. 境外上市、投资者监督与盈余质量 [J]. 世界经济, 2009 (3): 72-81.

[18] 田利辉. 海外上市、制度跃迁和银行绩效——"中银香港"案例分析 [J]. 管理世界, 2006 (2): 110-122.

[19] 汪昌云, 孙艳梅, 郑志刚, 罗凯. 股权分置改革是否改善了上市公司治理机制的有效应 [J]. 金融研究, 2010 (12): 131-145.

[20] 王化成, 李志杰, 孙健. 境外上市背景下治理机制对公司价值的影响——基于融资决策传导效应的研究 [J]. 会计研究, 2008 (7): 65-72.

[21] 谢世清, 邵宇平. 股权分置改革对中国股市波动性与有效性影响的实证研究 [J]. 金融研究, 2011 (2): 185-193.

[22] 徐寿福. "双重上市"公司 A、H 股价格差异的因素研究 [J]. 证券市场导报, 2009 (2): 54-60.

[23] 杨长虹，彭丁. 中国企业双重上市影响因素及经济后果研究[J]. 宏观经济研究，2013（8）：39-46.

[24] 杨娉，徐信忠，杨云红. 交叉上市股票价格差异的横截面分析[J]. 管理世界，2007（9）：107-116.

[25] 袁显平，柯大钢. 实践研究方法及其在金融研究中的应用[J]. 统计研究，2006（10）：31-35.

[26] 张碧琼，李越. 汇率对中国股票市场的影响是否存在：从自回归分布滞后模型（ARDL-ecm）得到的证明[J]. 金融研究，2002（7）：26-35.

[27] 张春廷. 中国证券市场发展简史（清朝晚期）[J]. 证券市场导报，2001（4）：37-40.

[28] 张春廷. 中国证券市场发展简史（民国时期）[J]. 证券市场导报，2001（5）：45-52.

[29] 张春廷. 中国证券市场发展简史（改革开放前）[J]. 证券市场导报，2001（6）：34-26.

[30] 邹颖. 交叉上市的资本成本效应研究综述——基于"流动性假说"的文献分析[J]. 山东经济，2009（1）：123-128.

[31] 邹颖. 交叉上市的资本成本效应研究综述——基于绑定假说的视角[J]. 经济与管理研究，2009（2）：37-43.

[32] 邹颖. 交叉上市的资本成本效应研究综述——基于投资者认知假说的视角[J]. 财会月刊，2009（6）：94-95.

[33] 邹颖. 交叉上市的资本成本效应研究综述——基于"市场分割假说"视角[J]. 经济与管理研究，2010（11）：54-60.

[34] Abdel-Khalik, A. Rashad, Kie Ann Wong, and Annie Wu. The information environment of China's A and B shares: Can we make sense of the numbers [J], The International Journal of Accounting, 1999, 34（4）: 467-489.

[35] Admati, Anat R. and Paul Pfleiderer. A Theory of Intraday Patterns: Volume and Price Variability [J], The Review of Financial Studies, 1988, 1 (1): 3–40.

[36] Aheame, Alan G., William L. Griever and Francis E. Warnock. Information costs and home bias: an analysis of US holdings of foreign equities [J], Journal of Internatioanl Economics, 2000, 62 (2): 313–336.

[37] Ahlgren, Niklas, Boo Sjoo and Jianhua Zhang. Makret Segmentation and Information Diffusion in China's Stock Markets: Panel Data Unit Root and Cointegration Tests on A and B Share Prices [J], SSRN Electronic Journal, 2003.

[38] Alexander, Gordon J., Cheol S. Eun, and S. Janakiramanan. International Listings and Stock Returns: Some Empirical Evidence [J], Journal of Financial and Quantitative Analysis, 1988, 23 (2): 135–151.

[39] Alexander, Gordon J., Cheol S. Eun, and S. Janakiramanan. Asset Pricing and Dual Listing on Foreign Capital Markets: A Note [J], The Journal of Finance, 1987, 42 (1): 151–158.

[40] Alhaj-Yaseen, Yaseen S., Eddery Lam, John T. Barkoulas. Price Discoery for cross-listed firms with foreign IPOs [J], International Review of Financial Analysis, 2014, 31 (31): 80–87.

[41] Amihud, Yakov, and Haim Mendelson. Asset Pricing and the Bid-Ask Spread [J], Journal of Financial Economics, 1986, 17 (2): 223–249.

[42] Amihud, Yakov, and Haim Mendelson. Liquidity and stock returns [J]. Financial Analysts Journal, 1986, 42 (3): 43–48.

[43] Arquette, Gregory C., William O. Brown Jr, and Richard C. K. Burdekin. US ADR and Hong Kong H-share discounts of shanghai-listed firms [J], Journal of Banking & Finance, 2008, 32 (9): 1916–1927.

[44] Ashley, J., . Stock prices and changes in earnings and dividends:

some empirical results [J], Journal of Political Economy, 1962, 70 (1): 82-85.

[45] Bailey, Warren. Risk and return on China's new stock markets: Some preliminary evidence [J], Pacific-Basin Finance Journal, 1995, 2 (2-3): 243-260.

[46] Bailey, Warren, Kalok Chan, and Y. Peter Chung. Depositary Receipts, Country Funds, and the Peso Crash: The Intraday Evidence [J], Journal of Finance, 2000, 55 (6): 2693-2717.

[47] Bailey, Warren, and Julapa Jagtiani. Foreign ownership restrictions and stock prices in the Thai capital market [J], Journal of Financial Economics, 1994, 36 (1): 57-87.

[48] Bailey, Warren, Y. Peter Chung, and Jun-koo Kang. Foreign ownership restrictions and equity price premiums: What drives the demand for cross-border investments? [J], Journal of Financial and Quantitative Analysis, 1999, 34 (4): 489-511.

[49] Baker, H. Kent, John R. Nofsinger and Daniel G. Weaver. Internatioanl Cross-Listing and Visibility [J], Journal of Financial and Quantitative Analysis, 2002, 37 (3): 495-521.

[50] Ball, R., and P. Brown. An empirical evaluation of accounting income numbers [J], Journal of Accounting Research, 1968, 6 (2): 159-178.

[51] Barker, C. A., . Effective stock splits [J], Harvard Business Review, 1956, 34 (1): 101-106.

[52] Barker, C. A., . Stock splits in a bull market [J], Harvard Business Review, 1957, 35 (3): 72-79.

[53] Barker, C. A., . Evaluation of stock dividends [J], Harvard Business Review, 1958, 36 (4): 99-114.

[54] Bartram, Sohnke M. Gregory W. Brown, Bernadette A. Minton. Resolving the exposure puzzle: The many facets of exchange rate exposure [J], Journal of Financial Economics, 2009, 95 (2): 148 – 173.

[55] Baruch, Shmuel, G. Andrew Karolyi, Michael L. Lemmon. Multimarket Trading and Liquidity: Theory and Evidence [J], The Journal of Finance, 2007, 62 (5): 2169 – 2200.

[56] Beltratti, Andrea, and Bernardo Bortolotti. The Nontradable Share Reform in the Chinese Stock Market [J], Working Paper, 2006.

[57] Beltratti, Andrea, and Bernardo Bortolotti and Marianna Caccavaio. Stock market efficiency in China: Evidence from the split-share reform [J], The Quarterly Review of Economics and Finance, 2016 (60): 125 – 137.

[58] Bergström, Clas, and Ellen Tang. Price differentials between different classes of stocks: An empirical study on Chinese stock markets [J], Journal of Multinational Financial Management, 2001, 11 (4 – 5): 407 – 426.

[59] Bhattacharya, Utpal, Utpal Hazem Daouk, Brian Jorgenson, Carl-Heinrich Kehr. When an event is not an event: the curious case of an emerging market [J], Journal of Financial Economics, 1998, 55 (1): 69 – 101.

[60] Black, Fischer. International capital market equilibrium with investment barriers [J], Journal of Financial Economics, 1974, 1 (4): 337 – 352.

[61] Bin, Feng-Shun, Lloyd P. Blenman, and Dar-Hsin Chen. Valuation impact of currency crises: Evidence from the ADR market [J], International Review of Financial Analysis, 2004, 13 (4): 411 – 432.

[62] Blass, Asher, and Yishay Yafeh. Vagabond shoes longing to stray: Why foreign firms list in the United States [J], Journal of Banking and Finance, 2001, 25 (3): 555 – 572.

[63] Bodurtha, JN, D-S Kim, and CMC Lee. Closed-end country funds and U. S. Market sentiment [J], The Review of Financial Studies, 1995, 8

(3): 879-918.

[64] Brennan, Michael J., and H. Henry Cao. International Portfolio Investment Flows [J], The Journal of Finance, 1997, 52 (5): 1851-1880.

[65] Cai, Charlie X., Paul B. McGuinness, Qi Zhang. The pricing dynamics of cross-listed securities: The case of Chinese A-and H-shares [J], Journal of Banking and Finance, 2011, 35 (8): 2123-2136.

[66] Cantale S., . The Choice of Foreign Market as a Signal [J], Working Paper, 1996.

[67] Chakravarty, Sugato, Asani Sarkar, and Lifan Wu. Information asymmetry, market segmentation and the pricing of cross-listed shares: Theory and evidence from Chinese A and B shares [J], Journal of International Financial Markets, Institutions and Money, 1998, 8 (3-4): 325-356.

[68] Chan, Justin S. P., Dong Hong, and, Marti G. Subrahmanyam. A tale of two prices: Liquidity and asset prices in multiple markets [J], Journal of Banking and Finance, 2006, 32 (6): 947-960.

[69] Chan, Kalok, Albert J. Menkveld, and Zhishu Yang. Information Asymmetry and Asset Prices: Evidence from the China Foreign Share Discount [J], The Journal of Finance, 2008, 63 (1): 159-196.

[70] Chan, Kalok, Allaudeen Hameed and Sie Ting Lau, S. T., . What If Trading Location is Different from Business Location? Evidence from the Jardine Group [J], Journal of Finance, 2003, 58 (3): 1221-1246.

[71] Chan, Kalok, and Johnny K. H. Kwok. Market Segmentation and Share Price Premium: Evidence from Chinese Stock Markets [J], Journal of Emerging Market Finance, 2005, 4 (1): 43-61.

[72] Chen, G. M., Bong-Soo Lee and Oliver Rui. Foreign Ownership Restrictions and Market Segmentation in China's Stock Markets [J], The Journal of Financial Research, 2001, 24 (1): 133-155.

[73] Chen, Qi, X. Chen, K. Schipper, Y. Xu and J. Xue. The Sensitivity of Corporate Cash Holdings to Corporate Governance [J], The Review of Financial Studies, 2012, 25 (12): 3610 – 3644.

[74] Chen, Zhiwu and Peng Xiong. Discount on Illiquid Stocks: Evidence from China [J], Working Paper, 2001.

[75] Cheng, Li, Jeng-Ren Chiou, Yenn-Ru Chen, and Bong Soo Lee. Market Reactions to the Split-share Structure Reform and the Determinants of Compensation: Evidence from Chinese Listed Firms [J], Asia-Pacific Journal of Financial Studies, 2012, 41 (2): 194 – 223.

[76] Chowdhry, Bhagwan and Vikram Nanda. Multimarket Trading and Market Liquidity [J], The Review of Financial Studies, 1991, 4 (3): 483 – 511.

[77] Chui, Andy C. W., and Chuck C. Y. Kwok. Cross-Autocorrelation between A Shares and B Shares in the Chinese Stock Market [J], Journal of Financial Research, 1998, 21 (3): 333 – 353.

[78] Chung, Huimin. Investor protection and the liquidity of cross-listed securities: Evidence from the ADR market [J], Journal of Banking of Finance, 2006, 30 (5): 1485 – 1505.

[79] Chung, Tsz-Kin, Cho-Hoi Hui, Ka-Fai Li. Explaining share price disparity with parameter uncertainty: Evidence from Chinese A-and H-shares [J], Journal of Banking and Finance, 2013, 37 (3): 1073 – 1083.

[80] Coffee, Jr., John C., . Privatization and Corporate Governance: The Lessons from Securities Market Failure [J], Journal of Corporation Law, 1999, 25 (1): 1 – 39.

[81] Coffee, Jr., John C., . Racing towards the Top?: The Impact of Cross-Listings and Stock Market Competition on International Corporate Governance [J], Columbia Law Review, 2002, 102 (7): 1757 – 1831.

[82] Cowan, Arnold R., . Nonparametric Event Study Tests [J], Review of Quantitative Finance and Accounting, 1992, 2 (4): 343 - 358.

[83] Darrat, Ali F., Khaled Elkhal and Brent McChllum. Finance and Macroeconomic Performance: Some Evidence for Emerging Markets [J]. Emerging Markets Finance and Trade, 2006, 42 (3): 5 - 28.

[84] Datar, V. T., Narayan Y. Naik, and Robert Radcliff. Liquidity and stock returns: An alternative Test [J], Journal of Financial Markets, 1998, 1 (2): 203 - 219.

[85] Dimson, Elroy. Risk Measurement When Shares are Subject to Infrequent Trading [J], Journal of Financial Economics, 1979, 7 (2): 197 - 226.

[86] Doidge, Craig, G. Andrew Karolyi, Rene M. Stulz. Why are foreign firms listed in the U.S. worth more? [J], Journal of Financial Ecomomics, 2004, 71 (2): 205 - 238.

[87] Dolley, J. C., . Characteristics and procedure of common stock split-ups [J], Harvard Business Review, 1933, 11 (3): 316 - 326.

[88] Domowitz, Ian, Jack Glen, and Ananth Madhavan. Market segmentation and stock prices: Evidence from an emerging market [J], The Journal of Finance, 1997, 52 (3): 1059 - 1085.

[89] Domowitz, Ian, Jack Glen, and Ananth Madhavan. International Cross-Listing and Order Flow Migration: Evidence from an Emerging Market [J], The Journal of Finance, 1998, 53 (6): 2001 - 2027.

[90] Dumas, Bernard. The theory of the trading firm revisited [J], The Journal of Finance, 1978, 33 (3): 1019 - 1030.

[91] Eichler, Stefan. Exchange rate expectations and the pricing of Chinese cross-listed stocks [J], Journal of Banking and Finance, 2011, 35 (2): 443 - 455.

[92] Errunza, Vihang, and Etienne Losq. International Asset Pricing under Mild Segmentation: Theory and test [J], The Journal of Finance, 1985, 40 (1): 105 – 124.

[93] Eun, Cheol S., and S. Janakiramanan. A model of international asset pricing with a constraint on the foreign equity ownership [J], The Journal of Finance, 1986, 41 (4): 897 – 914.

[94] Eun, Cheol S., and Hoyoon Jang. Price Interactions in a Sequential Global Market: Evidence from the Cross-listed Stocks [J], European Financial Management, 1997, 3 (2): 209 – 235.

[95] Fama, E. F., L. Fisher, M. C. Jensen, and R. Roll. The adjustments of stock prices to new information [J], International Economic Review, 1969, 10 (1): 1 – 21.

[96] Feng, Licheng and Weihe Xu. Has the reform of nontradable share raised prices?: An Event-Study Analysis [J], Emerging Market Finance and Trade, 2007, 43 (2): 33 – 62.

[97] Fernald, John and John H. Rogers. Puzzles in the Chinese Stock Market [J], Review of Economics and Statistics, 2002, 84 (3): 416 – 432.

[98] Fernandes, Nuno, Miguel A. Ferreira, Does international cross-listing improve the information environment? [J], Journal of Financial Economics, 2008, 88 (2): 216 – 244.

[99] Firth, Michael, Chen Lin, and Hong Zou. Friend or foe? The Role of State and Mutual Fund Ownership in the Split Share Structure Reform in China [J], Journal of Financial and Quantitative Analysis, 2010, 45 (3): 685 – 706.

[100] Foerster, Stephen R., and G. Andrew Karolyi. Multimarket trading and liquidity: A transaction data analysis of Canada-US interlistings [J], Journal of International Financial Markets, Institutions and Money, 1998,

8(3-4):393-412.

[101] Foerster, Stephen R., and G. Andrew Karolyi. International Listings of Stocks: The Case of Canada and the U.S [J], Journal of International Business Studies, 1993, 24(4): 763-784.

[102] Foerster, Stephen R., and G. Andrew Karolyi. The Effects of Market Segmentation and Investor Recognition on Asset Prices: Evidence from Foreign Stocks Listing in the United States [J], The Journal of Finance, 1999, 54(3): 981-1013.

[103] Fong, Tom, Alfred Wong, and Ivy Yong. Share Price Disparity in Chinese Stock Markets [J], Journal of Financial Transformation, 2010(30): 23-31.

[104] Foster, Stephen R., and G. Andrew Karolyi. The effect of market segmentation and investor recognition on asset prices: Evidence from foreign stock listing in the US [J], The Journal of Finance, 1999, 54(3): 981-1013.

[105] Froot, Kenneth A., . How are stock prices affected by the location of trade [J], Journal of Financial Economics, 1999, 53(2): 189-216.

[106] Froot, Kenneth A., Paul G. J. O'Connell, Mark S. Seasholes. The portfolio flows of international investors [J], Journal of Financial Economics, 1998, 59(2): 151-193.

[107] Fuerst, Oren. A Theoretical Analysis of Investor Protection Regulations Argument for Global Listing of Stocks [J], SSRN Electronic Journal, 1998.

[108] Fung, Hung-Gay, Wai Lee, and Wai Kin Leung. Segmentation of the A-and B-share Chinese equity markets [J], Journal of Financial Research, 2000, 23(2): 179-195.

[109] Gao, Y., and Y. K. Tse. Capital Control, Market Segmentation

and Cross-border Flow of Information: Some Empirical Evidence from the Chinese Stock Market [J], SSRN Electronic Journal, 2001.

[110] Gao, Y., and Y. K. Tse. Market segmentation and information values of earnings announcements: Some empirical evidence from an event study on the Chinese stock market [J], International Review of Economics & Finance, 2004, 13 (4): 455 - 474.

[111] Garbade, Kenneth D. and William L. Silber. Dominant and Satellite Markets: A Study of Dually-Traded Securities [J], Review of Economics and Statistics, 1979, 61 (3): 455 - 460.

[112] Gardiol, Lucien, Rajna Gibson-Asner, and Nils S. Tuchschmid. Are liquidity and corporate control priced by shareholders? Empirical evidence from Swiss dual class shares [J], Journal of Corporate Finance, 1997, 3 (97): 299 - 323.

[113] Gordon, Roger H., and Wei Li. Government as a discriminating monopolist in the financial market: The case of China [J], Journal of Public Economics, 1999, 87 (2): 283 - 312.

[114] Grammig, Joachim, Michael Melvin, and Christian Schlag. Internationally Cross-listed Stock Prices during Overlapping Trading Hours: Price Discovery and Exchange Rate Effects [J], Journal of Empirical Finance, 2005, 12 (1): 139 - 164.

[115] Grossmann, Axel, Teofilo Ozuna, and Marc W. Simpson. ADR mispricing: Do costly arbitrage and consumer sentiment explain the price deviation? [J], Journal of International Financial Markets, Institutions and Money, 2007, 17 (4): 361 - 371.

[116] Gu, Lulu, W. Robert Reed. Information asymmetry, market segmentation, and cross-listing: Implications for event study methodology [J], Journal of Asian Economics, 2013, 28 (5): 28 - 40.

[117] Gultekin, Mustafa N., N. Bulent Gultekin, and Alessandro Penati. Capital controls and international capital market segmentation: The evidence from the Japanese and American stock markets, The Journal of Finance, 1989, 44 (4): 849 - 869.

[118] Hasbrouck, Joel. One Security, Many Markets: Determining the Contributions to Price Discovery [J], The Journal of Finance, 1995, 50 (4): 1175 - 1199.

[119] He, Jia, Lilian K. Ng. The Foreign Exchange Exposure of Japanese Multinational Corporations [J], The Journal of Finance, 1998, 53 (2): 733 - 753.

[120] Hietala, Pekka T., . Asset Pricing in Partially Segmented Markets: Evidence from the Finnish Market [J], The Journal of Finance, 1989, 44 (3): 697 - 718.

[121] Hou, Wenxuan, Jing-Ming Kuo, and Edward Lee. The impact of state ownership on share price informativeness: The case of the Split Share Structure Reform in China [J], The British Accounting Review, 2012, 44 (4): 248 - 261.

[122] Huang, Ying, Gady Lacoby and Christine X. Jiang. The bonding hypothesis and the home market liquidity of Chinese cross-listed stocks [J], Journal of International Financial Markets, Institutions and Money, 2016 (43): 146 - 157.

[123] Huang, Wei, Tao Zhu. Foreign institutional investors and corporate governance in emerging markets: Evidence of a split-share structure reform in China [J], Journal of Corporate Finance, 2015 (32): 312 - 326.

[124] Huddart, Steven, John S. Hughes and Markus Brunnermeier. Disclosure requirements and stock exchange listing choice in an international context [J], Journal of Accounting and Economics, 1999, 26 (1 - 3): 237 - 269.

[125] Inoue. Takeshi. Reform of China's Split-share Structure Takes Shape [J], Nomura Capital Market Review, 2005, 8 (3): 42-59.

[126] Kadlec, Gregory B., John J. McConnell. The Effect of Market Segmentation and Illiquidity on Asset Prices: Evidence from Exchange Listings [J], The Journal of Finance, 1994, 49 (2): 611-636.

[127] Kang, Jun-Koo, and Rene'M Stulz. Why is there a home bias? An analysis of foreign portfolio equity ownership in Japan [J], Journal of Financial Economics, 1997, 46 (1): 3-28.

[128] Karolyi, G. Andrew, Lianfa Li and Rose Liao. A (partial) resolution of the Chinese discount puzzle: The 2001 deregulation of the B-share market [J], Journal of Financial Economic Policy, 2009, 1 (April): 80-106.

[129] Karolyi, G. Andrew, Rene M. Stulz. Why Do Markets Move Together? An Investigation of U.S.-Japan Stock Return Comovements [J], The Journal of Finance, 1996, 51 (3): 951-986.

[130] Kim, Minho, Andrew C. Szakmary, and Ike Mathur. Price transmission dynamics between adrs and their underlying foreign securities [J], Journal of Banking & Finance, 2000, 24 (8): 1359-1382.

[131] Kim, Kyung-Won, Yong Hyeon Kim, Chul W. Park, Hong-Ghi Min. Market Segmentation, Price Disparity, and Transmission of Pricing Information: Evidence from Class A and H Shares of Chinese Dual-Listed Companies [J], Journal of Financial Risk Management, 2015, 4 (4): 124-142.

[132] King, Michael R. and Dan Segal. Corporate Governance, International Cross Listing and Home Bias [J], SSRN Electronic Journal, 2003, 16 (4): 1-45.

[133] King, Michael R. and Dan Segal. The Long-Term Effects of Cross-Listing, Investor Recognition, and Ownership Structure on Valuation [J], The Review of Financial Studies, 2009, 22 (6): 2393-2421.

[134] Kot, Hung Wan and Lewis H. K. Tam, Are stock price more informative after dual-listing in emerging markets? Evidence from Hong Kong-listed Chinese companies [J], Pacific-Basin Finance Journal, 2016 (36): 31-45.

[135] Kyle, Albert S. , . Continuous Auctions and Insider Trading [J], Econometrica, 1985, 53 (6): 1315-1335.

[136] La Porta, Rafael, Florencio Lopez-De-Silanes, Andrei Shleifer and Robert W. Vishny. Legal Determinants of External Finance [J], The Journal of Finance, 1997, 52 (3): 1131-1150.

[137] Lang, Mark H. , Karl V. Lins, Darius P. Miller. ADRs, Analysts, and Accuracy: Does Cross Listing in the United States Improve a Firm's Infrormation Environment and Increase Market Value? [J], Journal of Accounting Research, 2003, 41 (2): 317-345.

[138] Lee, Bong-Soo, Oliver M. Rui, and Wenfeng Wu. Market segmentation and stock prices discount in the Chinese stock market: Revisiting b-share discounts in the Chinese stock market [J], Asia-Pacific Journal of Financial Studies, 2008, 37 (1): 1-40.

[139] Lee, Hing-Wah. The Price Premium of China A-Shares over Hong Kong H-Shares: A Further Visit of the Liquidity Hypothesis [J], Asia-Pacific Journal of Financial Studies, 2009, 38 (5): 657-694.

[140] Li, Yuming, Daying Yan and Joe Greco. Market segmentation and price differentials between A shares and H shares in the Chinese stock markets [J], Journal of Multinational Financial Management, 2006, 16 (3): 232-248.

[141] Liao, Li, Bibo Liu, and Hao Wang. China's secondary privatization: Perspectives from the Split-Share Structure Reform [J], Journal of Financial Economics, 2014, 113 (3): 500-518.

[142] Licht, Amir N. , . Cross-Listing and Corporate Governance: Bond-

ing or Avoiding? [J], SSRN Electronic Journal, 2003, 737 (1): 141-163.

[143] Lins, Karl V., Deon Strickland and Marc Zenner. Do Non-U. S. Firms Issue Equity on U. S. Stock Exchanges to Relax Capital Constraints [J], Journal of Financial and Quantitative Analysis, 2005, 40 (1): 109-133.

[144] Liu, Chunyan, Konari Uchida and Yufeng Yang. Controlling shareholder, split-share structure reform and cash dividend payments in China [J], International Review of Economics & Finance, 2014, 29 (1): 339-357.

[145] Lintner, John. The valuation of risk assets and the selection of risky investments in stock portfolios and capital budgets [J], Review of Economics and Statistics, 1965, 47 (1): 13-37.

[146] Longstaff, Francis A., . How Much Can Marketability Affect Security Values? [J], The Journal of Finance, 1995, 50 (5): 1767-1774.

[147] Lu, Fei, Maria Balatbat, and Robert Czernkowski. The Role of Consideration in China's Split Share Structure Reform [J], SSRN Electronic Journal, 2008.

[148] Lu, Fei, Maria Balatbat, and Robert Czernkowski. Does consideration matter to China's split share structure reform? [J], Accounting and Finance, 2012, 52 (2): 439-466.

[149] Ma, Xianghai. Capital controls, market segmentation and stock prices: Evidence from the Chinese stock market [J], Pacific-Basin Finance Journal, 1996, 4 (2): 219-239.

[150] Mei, Jianping, Jose A. Scheinkman, and Xiong, Wei. Speculative Trading and Stock Prices: Evidence from Chinese A-B share Premia [J], SSRN Electronic Journal, 2005.

[151] Merton, Robert C., . A Simple Model of Capital Market Equilibrium with Incomplete Information [J], The Journal of Finance, 1987, 42 (3):

483-510.

[152] Miller, Darius P., . The market reaction to international cross-listings: evidence from Depositary Receipts [J], Journal of Financial Economics, 1999, 51 (1): 103-123.

[153] Mittoo, Usha R., . Managerial Perceptions of the Net Benefits of Foreign Listing: Canadian Evidence [J], Journal of International Financial Management and Accounting, 1992, 4 (1): 40-62.

[154] Mittoo, Usha R., . Globalization and the value of US listing: Revisiting Canadian evidence [J], Journal of Banking and Finance, 2003, 27 (9): 1629-1661.

[155] Morck, Randall, Benard Yeung, Wayne Yu, The information content of stock markets: why do emerging markets have synchronous stock price movements? [J], Journal of Financial Economics, 2000, 58 (1-2): 215-260.

[156] Myers, J. A., and A. Bakay. Influence of stock split-ups on market price, Harvard Business Review, 1948, 26 (2): 251-255.

[157] Naidu, G. N., and Michael S. Rozeff. Volume, Volatility, Liquidity and Efficiency of the Singapore Stock Exchange before and after Automation [J], Pacific-Basin Finance Journal, 1994, 3 (1): 23-42.

[158] Nishiotis, George P., . Further Evidence on Closed-End Country Fund Prices and International Capital Flows [J], Journal of Business, 2006, 79 (4): 1727-1754.

[159] Noronha, Gregory M., Atulya Sarin, Shahrokh M. Saudagaran. Testing for micro-structure effects of international dual listings using intraday data [J], Journal of Banking and Finance, 1996, 20 (6): 965-983.

[160] Pagano, Marco, Ailsa A. Roell, Josef Zechner. The Geography of Equity Listing: Why Do Companies List Abroad? [J], The Journal of Finance,

2002, 57 (6): 2651 – 2694.

[161] Pan, Ming-Shiun, Kam C. Chan and David J. Wright. Divergent Expectations and The Asian Financial Crisis of 1997 [J], The Journal of Financial Research, 2001, 24 (2): 219 – 238.

[162] Patell, James M., . Corporate Forecasts of Earnings Per-Share and Stock Price Behavior: Empirical Test [J], Journal of Accounting Research, 1976, 14 (2): 246 – 276.

[163] Pontiff, Jeffrey. Costly Arbitrage: Evidence from Closed-end Funds [J], Quarterly Journal of Economics, 1996, 111 (4): 1135 – 1151.

[164] Poon, Winnie P. H., Michael Firth, and Hung-Gay Fung. The spillover effects of the trading suspension of the Treasury bond futures market in China [J], Journal of International Financial Markets, Institutions and Money, 1998, 8 (2): 205 – 218.

[165] Reese Jr., William A., and Michael S. Weisbach. Protection of minority shareholder interests, cross-listings in the United States, and subsequent equity offerings [J], Journal of Financial Economics, 2001, 66 (1): 65 – 104.

[166] Sanger, Gary C., and John J. McConnell. Stock exchange listings, firm value, and security market efficiency: the impact of NASDAQ [J], Journal of Financial and Quantitative Analysis, 1986, 21 (1): 1 – 25.

[167] Saudagaran, Shahrokh M., and Gary C. Biddle. Financial disclosure levels and foreign stock exchange listing decisions [J], Journal of International Financial Management & Accounting, 1992, 4 (2): 106 – 148.

[168] Schwert, G. William. Stock volatility in the new millennium: how wacky is Nasdaq? [J], Journal of Monetary Economics, 2002, 49 (1): 3 – 26.

[169] Sharpe, W. F., . Capital asset prices: a theory of equilibrium un-

der conditions of risk [J], Journal of Finance, 1964, 19 (3): 425 -442.

[170] Silber, William L., . Discounts on restricted stock: The impact of Illiquidity on Stock Prices [J], Financial Analysts Journal, 1991, 47 (4): 60 - 64.

[171] Sita, Bernard Ben and Wissam Abdallah. Volatility links between the home and the host market for U. K. dual-listed stocks on U. S. markets [J], Journal of International Financial Markets, Institutions and Money, 2014 (33): 183 - 199.

[172] Sjoo, Boo and Jianhua Zhang. Market segmentation and information diffusion in China's stock markets [J], Journal of Multinational Financial Management, 2000, 10 (3): 421 -438.

[173] Stapleton, R. C., M. G. Subrahmanyam. Market Imperfections, Capital Market Equilibrium and Corporation Finance [J], The Journal of Finance, 1977, 32 (2): 307 -319.

[174] Stulz, Rene M., . A model of international asset pricing, Journal of Financial Economics [J], 1981, 9 (4): 383 -406.

[175] Stulz, Rene M., and Walter Wasserfallen. Foreign equity investment restrictions, capital flight, and shareholder wealth maximization: Theory and Evidence [J], The Review of Financial Studies, 1995, 8 (4): 1019 - 1057.

[176] Stulz, Rene M., . Globalization, Corporate Finance, and the Cost of Capital [J], Journal of Applied Corporate Finance, 1999, 12 (3): 8 - 25.

[177] Su, Dongwei, and Belton M. Fleisher. An Empirical Investigation of Underpricing in Chinese IPOs [J], Pacific-Basin Finance Journal, 1999, 7 (2): 173 -202.

[178] Sun, Qian, and Wilson H. S. Tong. The effect of market segmenta-

tion on stock prices: The China syndrome [J], Journal of Banking & Finance, 2000, 24 (12): 1875 – 1902.

[179] Sun, Qian, and Wilson H. S. Tong, Xin Zhang. How cross-listings from an emerging economy affect the host market? [J], Journal of Banking and Finance, 2013, 37 (7): 2229 – 2245.

[180] Tinic, Seha M., and Richard R. West. Marketability of common stocks in Canada and the U. S. A.: A comparison of agent versus dealer dominated markets [J], The Journal of Finance 1974, 29 (3): 729 – 746.

[181] Tom Fong, Alfred Wong, and Ivy Yong. Share price disparity in Chinese stock markets [J], SSRN Electronic Journal, 2007.

[182] Vazqueza, Osmar Hazael Zavaleta, Jaime Gonzalez Maiz Jimenez. The implicit impact of cross-listing on stock prices: A market microstructure perspective-The case of Latin American markets [J], Contaduriay Administracion, 2016, 61 (2): 283 – 297.

[183] Wang, Steven Shuye, and Li Jiang. Location of trade, ownership restriction and market illiquidity: Examining Chinese A-and H-shares [J], Journal of Banking and Finance, 2004, 28 (6): 1273 – 1297.

[184] Wang, Steven Shuye, Oliver Meng Rui, Michael Firth. Return and volatility behavior of dually-traded stocks: the case of Hong Kong [J], Journal of International Money and Finance, 2002, 21 (2): 265 – 293.

[185] Wruck, Karen Hopper. Equity Ownership Concentration and Firm Value: Evidence from Private Equith Financings [J], Journal of Financial Ecomonics, 1989, 23 (4): 3 – 28.

[186] Yamori, Nobuyoshi and Taiji Baba. Japanese Management Views on Overseas Exchange Listings: Survey Results [J], Journal of International Financial Manggement and Accounting, 2001, 12 (3): 286 – 316.

[187] Yang Jian. Market segmentation and information asymmetry in Chi-

nese stock markets: A VAR analysis [J], The Financial Review, 2003, 38 (4): 595-609.

[188] Zhang, Yimin and Ronald Zhao. The valuation differential between class A and B shares: Country risk in the Chinese stock market [J], Journal of International Financial Management and Accounting, 2004, 15 (1): 44-59.

附录 1
双重上市公司股票价格差异统计表

双重上市公司股票价格差异统计表

A股代码	日期	A股价格	H股价格	A股价格/H股价格	A股代码	日期	A股价格	H股价格	A股价格/H股价格
000063.SZ	2004	27.44	25.61	1.14	600362.SH	2010	40.2	16.21	2.18
000063.SZ	2005	26.83	26.39	1.08	600362.SH	2011	45.94	22.62	1.73
000063.SZ	2006	29.49	29.51	1.04	600362.SH	2012	21.57	13.8	1.27
000063.SZ	2007	38.38	34.62	1.11	600362.SH	2013	25.21	17.58	1.16
000063.SZ	2008	63.1	38.15	1.55	600362.SH	2014	14.21	10.94	1.02
000063.SZ	2009	27.89	19.89	1.24	600362.SH	2015	20.28	11.01	1.45
000063.SZ	2010	45.4	45.76	0.87	600377.SH	2001	7.42	1.38	5.71
000063.SZ	2011	27.2	27.26	0.85	600377.SH	2002	8.85	1.87	5.03
000063.SZ	2012	16.8	19.67	0.69	600377.SH	2003	11.77	2.49	5.01
000063.SZ	2013	9.72	11.14	0.71	600377.SH	2004	10.23	4.72	2.31
000063.SZ	2014	13.8	12.72	0.85	600377.SH	2005	5.29	3.64	1.54
000063.SZ	2015	19.01	13.84	1.09	600377.SH	2006	6.49	4.66	1.45
000585.SZ	2000	4.87	0.47	11.07	600377.SH	2007	5.58	4.91	1.14
000585.SZ	2001	7.85	0.34	24.53	600377.SH	2008	10.92	7.84	1.3
000585.SZ	2002	3.2	0.43	7.9	600377.SH	2009	5.56	5.28	0.93
000585.SZ	2003	3.9	0.59	6.96	600377.SH	2010	7.01	5.97	1.03
000585.SZ	2004	3.62	1.14	3.38	600377.SH	2011	6.64	7.62	0.74
000585.SZ	2005	2.26	0.67	3.59	600377.SH	2012	5.7	5.89	0.79
000585.SZ	2006	2.16	0.68	3.32	600377.SH	2013	5.3	6.56	0.66
000585.SZ	2007	2.62	1.02	2.57	600377.SH	2014	5.59	7.55	0.58
000585.SZ	2008	6.3	1.73	3.41	600377.SH	2015	7.42	7.29	0.8
000585.SZ	2009	2.48	0.57	3.82	600548.SH	2001	6.93	1.85	3.98
000585.SZ	2010	4.22	1.58	2.34	600548.SH	2002	6.76	1.96	3.65

中国双重上市公司股票价格差异研究

续表

A股代码	日期	A股价格	H股价格	A股价格/H股价格	A股代码	日期	A股价格	H股价格	A股价格/H股价格
000585.SZ	2011	4.09	1.26	2.76	600548.SH	2003	7.87	1.67	5.01
000585.SZ	2012	2.59	0.58	3.6	600548.SH	2004	7.58	3.09	2.61
000585.SZ	2013	2.11	0.87	1.97	600548.SH	2005	4.53	3.14	1.54
000585.SZ	2014	2.33	0.68	2.71	600548.SH	2006	4.25	2.81	1.57
000585.SZ	2015	4.13	1.66	1.97	600548.SH	2007	5.14	4.68	1.1
000666.SZ	2000	9.07	0.91	10.67	600548.SH	2008	12.8	8.03	1.49
000666.SZ	2001	9.46	1.09	9.18	600548.SH	2009	4.54	2.56	1.57
000666.SZ	2002	7.78	2.18	3.8	600548.SH	2010	5.94	3.38	1.55
000666.SZ	2003	5.9	1.32	4.76	600548.SH	2011	4.99	3.94	1.08
000666.SZ	2004	5.95	3.01	2.11	600548.SH	2012	3.92	2.64	1.2
000666.SZ	2005	4.21	2.06	2.17	600548.SH	2013	3.4	2.49	1.11
000666.SZ	2006	3.17	2.11	1.57	600548.SH	2014	3.38	2.79	0.95
000666.SZ	2007	4.06	2.3	1.77	600548.SH	2015	8.57	4.25	1.59
000666.SZ	2008	10.82	3.46	2.92	600585.SH	2002	6.47	2.23	3.08
000666.SZ	2009	2.86	0.76	3.33	600585.SH	2003	6.11	2.71	2.4
000666.SZ	2010	11.09	2.39	4.08	600585.SH	2004	11.71	10.71	1.17
000666.SZ	2011	12.19	3.57	2.91	600585.SH	2005	8.15	8.62	1.01
000666.SZ	2012	9.13	3.07	2.41	600585.SH	2006	9.53	10.05	0.99
000666.SZ	2013	10.76	4	2.19	600585.SH	2007	28.75	25.4	1.13
000666.SZ	2014	10.35	5.63	1.46	600585.SH	2008	75.12	63.63	1.1
000666.SZ	2015	18.36	7.43	1.95	600585.SH	2009	28.52	35.72	0.7
000756.SZ	2000	12.91	0.77	17.93	600585.SH	2010	48.2	43.12	0.98
000756.SZ	2001	15.47	0.9	18.2	600585.SH	2011	30.73	31.86	0.82
000756.SZ	2002	10.2	2.33	4.64	600585.SH	2012	15.28	18.33	0.68
000756.SZ	2003	7.71	1.76	4.64	600585.SH	2013	18.89	23.55	0.65
000756.SZ	2004	5.69	1.98	3.06	600585.SH	2014	16.48	22.43	0.58
000756.SZ	2005	4.02	1.47	2.91	600585.SH	2015	22.69	22.99	0.78
000756.SZ	2006	3.01	1.16	2.71	600600.SH	2000	8.29	2.66	3.32
000756.SZ	2007	3.24	1.58	2.05	600600.SH	2001	10.89	1.73	6.68
000756.SZ	2008	8.98	2.69	3.12	600600.SH	2002	7.46	2.23	3.55
000756.SZ	2009	3.9	1.1	3.12	600600.SH	2003	7.52	4.22	1.89
000756.SZ	2010	8.35	2.55	2.88	600600.SH	2004	9.35	10.13	0.98

附录1 | 双重上市公司股票价格差异统计表

续表

A股代码	日期	A股价格	H股价格	A股价格/H股价格	A股代码	日期	A股价格	H股价格	A股价格/H股价格
000756.SZ	2011	7.76	2.82	2.34	600600.SH	2005	9.53	8.35	1.21
000756.SZ	2012	5.15	1.65	2.52	600600.SH	2006	8.29	9	0.96
000756.SZ	2013	4.46	1.83	1.98	600600.SH	2007	14.59	13.23	1.11
000756.SZ	2014	4.94	1.76	2.22	600600.SH	2008	40.8	25.06	1.52
000756.SZ	2015	8.01	3.25	1.95	600600.SH	2009	20.37	14.73	1.22
000898.SZ	2000	3.06	0.7	4.64	600600.SH	2010	36.91	38.54	0.84
000898.SZ	2001	4.3	0.74	6.14	600600.SH	2011	35.03	34.68	0.86
000898.SZ	2002	3.69	1.07	3.65	600600.SH	2012	31.68	35.2	0.73
000898.SZ	2003	3.1	1.18	2.79	600600.SH	2013	33.18	38.25	0.7
000898.SZ	2004	5.67	4.74	1.27	600600.SH	2014	47.81	51.63	0.73
000898.SZ	2005	5.49	4.28	1.36	600600.SH	2015	42.46	40.17	0.84
000898.SZ	2006	3.9	4.5	0.9	600685.SH	2000	4.82	0.56	9.09
000898.SZ	2007	11	11.58	0.95	600685.SH	2001	8.1	0.48	17.8
000898.SZ	2008	29.38	20.34	1.35	600685.SH	2002	5.69	1.09	5.52
000898.SZ	2009	7.52	8.67	0.77	600685.SH	2003	4.73	0.7	7.17
000898.SZ	2010	15.84	15.35	0.91	600685.SH	2004	5.7	1.98	3.06
000898.SZ	2011	8.07	10.74	0.64	600685.SH	2005	4.87	1.68	3.08
000898.SZ	2012	4.45	4.71	0.77	600685.SH	2006	3.77	1.57	2.5
000898.SZ	2013	4.25	5.32	0.65	600685.SH	2007	17.7	13.03	1.36
000898.SZ	2014	3.19	4.45	0.56	600685.SH	2008	80.11	41.51	1.8
000898.SZ	2015	6.48	5.4	0.95	600685.SH	2009	12.87	6.97	1.63
000921.SZ	2000	18.11	5.96	3.23	600685.SH	2010	25.98	11.62	1.97
000921.SZ	2001	14.6	1.32	11.77	600685.SH	2011	26.31	15.42	1.45
000921.SZ	2002	12.76	1.53	8.86	600685.SH	2012	14.57	4.69	2.52
000921.SZ	2003	6.5	0.93	7.39	600685.SH	2013	12.06	5.54	1.77
000921.SZ	2004	6.83	3.57	2.04	600685.SH	2014	17.27	13.06	1.04
000921.SZ	2005	4.39	1.81	2.58	600685.SH	2015	35.39	18.21	1.54
000921.SZ	2009	2.59	0.45	5.08	600688.SH	2000	3.67	1.43	2.74
000921.SZ	2010	8.62	3.36	2.26	600688.SH	2001	4.82	0.82	6.26
000921.SZ	2011	7.73	4.41	1.49	600688.SH	2002	3.58	0.83	4.59
000921.SZ	2012	3.73	1.13	2.68	600688.SH	2003	3.09	1.25	2.62
000921.SZ	2013	7.13	2.8	2.07	600688.SH	2004	6.39	3.92	1.74

中国双重上市公司股票价格差异研究

续表

A股代码	日期	A股价格	H股价格	A股价格/H股价格	A股代码	日期	A股价格	H股价格	A股价格/H股价格
000921.SZ	2014	11.48	9.22	0.98	600688.SH	2005	4.6	2.98	1.64
000921.SZ	2015	8.66	5.33	1.28	600688.SH	2006	4.13	3.38	1.27
600011.SH	2001	13.64	4.93	2.93	600688.SH	2007	6.14	3.91	1.57
600011.SH	2002	12.22	4.99	2.6	600688.SH	2008	17.04	4.4	3.62
600011.SH	2003	10.85	6.63	1.74	600688.SH	2009	5.47	1.91	2.52
600011.SH	2004	17.79	14.92	1.27	600688.SH	2010	10.88	2.68	3.58
600011.SH	2005	6.95	6.12	1.21	600688.SH	2011	8.54	3.46	2.1
600011.SH	2006	5.97	5.52	1.13	600688.SH	2012	5.99	2.2	2.21
600011.SH	2007	6.66	7.44	0.9	600688.SH	2013	5.25	2.32	1.84
600011.SH	2008	15.05	7.56	1.86	600688.SH	2014	3.05	1.73	1.39
600011.SH	2009	7.11	5.22	1.2	600688.SH	2015	4.7	1.88	1.97
600011.SH	2010	8.01	3.87	1.82	600775.SH	2000	11.09	2.11	5.6
600011.SH	2011	5.64	3.56	1.35	600775.SH	2001	18.59	1.79	11
600011.SH	2012	5.36	3.37	1.29	600775.SH	2002	14.12	3.42	4.38
600011.SH	2013	6.98	5.78	0.98	600775.SH	2003	8.49	1.26	7.13
600011.SH	2014	5.05	5.54	0.72	600775.SH	2004	8.09	2.08	4.15
600011.SH	2015	9.36	8.34	0.89	600775.SH	2005	4.88	1.12	4.65
600012.SH	2003	4.33	1.85	2.49	600775.SH	2006	5.15	1.72	3.12
600012.SH	2004	5.77	3.3	1.86	600775.SH	2007	5.39	1.98	2.72
600012.SH	2005	6.15	4.42	1.48	600775.SH	2008	11.61	2.76	3.94
600012.SH	2006	5.92	4.06	1.52	600775.SH	2009	4.23	0.93	3.99
600012.SH	2007	6.03	6.19	0.98	600775.SH	2010	9.85	1.94	4.46
600012.SH	2008	9.49	6.41	1.38	600775.SH	2011	8.47	1.87	3.87
600012.SH	2009	3.86	2.69	1.27	600775.SH	2012	5.2	1.11	3.8
600012.SH	2010	5.87	4.74	1.09	600775.SH	2013	5.4	1.71	2.57
600012.SH	2011	5.92	5.86	0.86	600775.SH	2014	9.21	3.09	2.35
600012.SH	2012	4.09	3.54	0.94	600775.SH	2015	10.64	4.97	1.69
600012.SH	2013	4.03	3.7	0.88	600806.SH	2000	9.32	0.44	22.73
600012.SH	2014	3.89	3.37	0.91	600806.SH	2001	16.81	0.89	20.01
600012.SH	2015	6.34	4.16	1.21	600806.SH	2002	10.06	2.36	4.52
600026.SH	2002	4.44	1.75	2.69	600806.SH	2003	7.79	1.57	5.26
600026.SH	2003	4.63	1.74	2.82	600806.SH	2004	6.11	1.85	3.51

附录1 | 双重上市公司股票价格差异统计表

续表

A股代码	日期	A股价格	H股价格	A股价格/H股价格	A股代码	日期	A股价格	H股价格	A股价格/H股价格
600026.SH	2004	8.65	6.29	1.47	600806.SH	2005	4.82	1.24	4.12
600026.SH	2005	9.05	7.18	1.34	600806.SH	2006	3.73	1.21	3.22
600026.SH	2006	5.54	6.09	0.95	600806.SH	2007	10.82	6.14	1.75
600026.SH	2007	10.4	10.72	0.97	600806.SH	2008	25.46	10.85	2.19
600026.SH	2008	37.84	19.59	1.81	600806.SH	2009	7	2.91	2.12
600026.SH	2009	8.36	7.95	0.93	600806.SH	2010	14.89	6.39	2.05
600026.SH	2010	14	10.51	1.17	600806.SH	2011	10.03	4.25	2.01
600026.SH	2011	9.82	9.32	0.9	600806.SH	2012	5.88	1.85	2.58
600026.SH	2012	5.81	4.02	1.17	600806.SH	2013	4.55	1.62	2.29
600026.SH	2013	4.73	3.94	0.98	600806.SH	2014	4.55	1.67	2.15
600026.SH	2014	4.79	4.56	0.83	600806.SH	2015	7.53	2.68	2.22
600026.SH	2015	9.48	4.26	1.76	600808.SH	2000	2.63	0.48	5.78
600027.SH	2005	4.51	2.55	1.88	600808.SH	2001	3.94	0.38	10.94
600027.SH	2006	2.84	2.07	1.43	600808.SH	2002	3.03	0.72	4.46
600027.SH	2007	3.16	3.24	0.98	600808.SH	2003	2.97	0.62	5.12
600027.SH	2008	9.53	3.63	2.46	600808.SH	2004	4.86	3.06	1.69
600027.SH	2009	3.85	1.72	1.97	600808.SH	2005	3.92	3.11	1.34
600027.SH	2010	5.3	1.84	2.54	600808.SH	2006	2.84	2.6	1.14
600027.SH	2011	3.29	1.32	2.12	600808.SH	2007	4.84	4.6	1.05
600027.SH	2012	3.15	1.27	2.02	600808.SH	2008	10.04	4.84	1.94
600027.SH	2013	3.85	2.31	1.35	600808.SH	2009	3.37	2.75	1.08
600027.SH	2014	3	2.38	0.99	600808.SH	2010	5.05	5.1	0.87
600027.SH	2015	7.22	5.04	1.13	600808.SH	2011	3.5	3.79	0.79
600028.SH	2001	4.36	1.31	3.54	600808.SH	2012	2.49	2.18	0.93
600028.SH	2002	3.37	1.16	3.09	600808.SH	2013	2.16	2.18	0.81
600028.SH	2003	2.94	1.44	2.16	600808.SH	2014	1.68	1.68	0.79
600028.SH	2004	5.21	4.1	1.35	600808.SH	2015	4.04	1.84	1.73
600028.SH	2005	4.22	3.33	1.35	600860.SH	2000	6.79	0.69	10.45
600028.SH	2006	4.75	4.14	1.2	600860.SH	2001	12.63	0.77	17.3
600028.SH	2007	10.02	7.28	1.38	600860.SH	2002	9.85	1.98	5.27
600028.SH	2008	23.21	10.86	2	600860.SH	2003	7.44	1.84	4.3
600028.SH	2009	7.19	4.64	1.37	600860.SH	2004	6.2	2.88	2.3

续表

A股代码	日期	A股价格	H股价格	A股价格/H股价格	A股代码	日期	A股价格	H股价格	A股价格/H股价格
600028.SH	2010	13.82	5.92	2.05	600860.SH	2005	5.36	2.53	2.26
600028.SH	2011	8.2	6.54	1.07	600860.SH	2006	3.64	1.57	2.41
600028.SH	2012	7.36	6.86	0.87	600860.SH	2007	3.61	2.01	1.8
600028.SH	2013	6.96	7.42	0.76	600860.SH	2008	11.02	3.09	3.34
600028.SH	2014	4.46	4.93	0.71	600860.SH	2009	2.88	0.64	3.95
600028.SH	2015	7.14	5.02	1.12	600860.SH	2010	8.7	2.46	3.12
600029.SH	2003	3.88	2.41	1.71	600860.SH	2011	7.16	2.51	2.43
600029.SH	2004	5.08	3.73	1.45	600860.SH	2012	3.96	1.3	2.48
600029.SH	2005	5.19	3.25	1.7	600860.SH	2013	6.05	2.14	2.29
600029.SH	2006	2.66	2.32	1.2	600860.SH	2014	8.39	2.46	2.69
600029.SH	2007	4.26	3.26	1.31	600860.SH	2015	6.94	2.47	2.22
600029.SH	2008	28.68	9.76	2.75	600871.SH	2000	5.03	2.45	2.19
600029.SH	2009	3.28	1.2	2.41	600871.SH	2001	6.7	1.53	4.65
600029.SH	2010	6.05	2.17	2.45	600871.SH	2002	5.38	1.05	5.43
600029.SH	2011	10.13	4.17	2.07	600871.SH	2003	4.09	1.07	4.05
600029.SH	2012	4.58	3.24	1.15	600871.SH	2004	5.39	2.43	2.37
600029.SH	2013	3.85	3.16	0.99	600871.SH	2005	4.1	1.73	2.52
600029.SH	2014	2.73	2.42	0.89	600871.SH	2006	2.74	1.88	1.51
600029.SH	2015	5.59	3.07	1.44	600871.SH	2007	3.89	1.83	2.13
600115.SH	2000	3.99	1.02	4.16	600871.SH	2008	11.17	2.57	4.06
600115.SH	2001	5.69	1.31	4.63	600871.SH	2009	3.59	0.8	3.95
600115.SH	2002	4.49	1.06	4.49	600871.SH	2010	8.66	1.87	4.07
600115.SH	2003	4.35	1.04	4.44	600871.SH	2011	13.13	3.4	3.29
600115.SH	2004	4.17	1.49	2.98	600871.SH	2012	7.23	1.44	4.06
600115.SH	2005	4.41	1.79	2.63	600871.SH	2013	6.03	1.62	3.02
600115.SH	2006	2.43	1.28	1.98	600871.SH	2014	2.86	1.27	1.78
600115.SH	2007	4.05	2.18	1.86	600871.SH	2015	5.81	2.05	2.24
600115.SH	2008	21.57	7.53	2.68	600874.SH	2000	5.9	0.61	10.35
600115.SH	2009	4.26	1.04	3.61	600874.SH	2001	12.02	0.72	17.68
600115.SH	2010	6.09	2.4	2.23	600874.SH	2002	7.87	1.66	5.04
600115.SH	2011	6.8	3.54	1.64	600874.SH	2003	6.77	1.62	4.42
600115.SH	2012	3.69	2.24	1.34	600874.SH	2004	7.35	2.51	3.13

附录1 | 双重上市公司股票价格差异统计表

续表

A股代码	日期	A股价格	H股价格	A股价格/H股价格	A股代码	日期	A股价格	H股价格	A股价格/H股价格
600115.SH	2013	3.43	2.59	1.08	600874.SH	2005	5.94	3.09	2.05
600115.SH	2014	2.75	2.32	0.93	600874.SH	2006	3.85	2.01	1.99
600115.SH	2015	5.55	3.03	1.45	600874.SH	2007	3.93	2.38	1.65
600188.SH	2000	7.27	2.24	3.46	600874.SH	2008	10.19	3.55	2.68
600188.SH	2001	11.7	2.18	5.71	600874.SH	2009	5.1	1.24	3.62
600188.SH	2002	10.27	2.71	4.03	600874.SH	2010	7.55	2.41	2.76
600188.SH	2003	7.87	3.26	2.56	600874.SH	2011	6.95	2.47	2.4
600188.SH	2004	11.36	8.63	1.4	600874.SH	2012	5.67	1.59	2.89
600188.SH	2005	12.18	11.54	1.12	600874.SH	2013	4.63	1.71	2.19
600188.SH	2006	6.03	5.36	1.17	600874.SH	2014	8.2	3.46	1.86
600188.SH	2007	7.18	6.73	1.07	600874.SH	2015	11.2	4.25	2.08
600188.SH	2008	21.85	14.14	1.45	600875.SH	2000	7.23	0.58	13.39
600188.SH	2009	8.65	5.8	1.31	600875.SH	2001	10.08	0.38	28.39
600188.SH	2010	23.22	15.45	1.32	600875.SH	2002	7.88	1.18	7.1
600188.SH	2011	28.96	21.56	1.14	600875.SH	2003	6.48	0.86	8
600188.SH	2012	21.63	13.54	1.3	600875.SH	2004	9.1	4.05	2.39
600188.SH	2013	18.14	11.37	1.3	600875.SH	2005	11.88	5.05	2.5
600188.SH	2014	8.65	5.21	1.31	600875.SH	2006	12.68	8.43	1.57
600188.SH	2015	14.5	5.55	2.07	600875.SH	2007	29.81	29.52	1
600332.SH	2001	14.7	0.97	16.15	600875.SH	2008	89.71	61.99	1.35
600332.SH	2002	11.27	2.25	5.3	600875.SH	2009	30.23	17.38	1.53
600332.SH	2003	8.33	1.9	4.65	600875.SH	2010	45.22	36.87	1.08
600332.SH	2004	6.58	2.07	3.39	600875.SH	2011	35.01	32.38	0.92
600332.SH	2005	4.25	1.72	2.62	600875.SH	2012	22.28	18.73	0.96
600332.SH	2006	6.37	3.23	2.05	600875.SH	2013	13.66	13.48	0.82
600332.SH	2007	7.86	4.94	1.59	600875.SH	2014	12.43	10.5	0.93
600332.SH	2008	17.91	6.9	2.43	600875.SH	2015	20.88	11.39	1.45
600332.SH	2009	6.11	2.4	2.25	600876.SH	2000	5.63	0.46	12.94
600332.SH	2010	11.21	5.1	1.93	600876.SH	2001	10.48	0.49	22.54
600332.SH	2011	21.91	10.99	1.7	600876.SH	2002	8.34	1.23	7.19
600332.SH	2012	14.45	5.39	2.17	600876.SH	2003	5.91	0.74	8.44
600332.SH	2013	19.8	11.97	1.34	600876.SH	2004	4.2	1.24	3.62

续表

A股代码	日期	A股价格	H股价格	A股价格/H股价格	A股代码	日期	A股价格	H股价格	A股价格/H股价格
600332.SH	2014	28.36	22.04	1.01	600876.SH	2005	3.78	1	4.02
600332.SH	2015	29.82	21.97	1.07	600876.SH	2006	2.6	0.69	3.94
600362.SH	2002	4.61	1.08	4.52	600876.SH	2009	5.29	1.67	2.8
600362.SH	2003	4.16	1.01	4.38	600876.SH	2010	7.93	1.81	3.85
600362.SH	2004	7.87	4.9	1.71	600876.SH	2011	6.71	1.87	3.06
600362.SH	2005	5.51	4.68	1.25	600876.SH	2012	5.92	1.23	3.89
600362.SH	2006	5.2	4.06	1.33	600876.SH	2013	5.58	1.36	3.34
600362.SH	2007	11.39	7.73	1.48	600876.SH	2014	4.79	1.05	3.6
600362.SH	2008	49.95	17.75	2.63	600876.SH	2015	7.96	2.94	2.14
600362.SH	2009	10.93	6.02	1.6					

注：表中H股股票价格经过汇率折算成人民币计价。

附录 2
面板数据周度回归结果（调整价格）

表 1　　股票价格差异回归结果 1

	(1)	(2)	(3)	(4)	(5)	(6)
DEM	−0.709† (−5.769)	−0.709† (−5.762)	−0.339† (−6.703)	−0.339† (−6.703)	−0.335† (−5.275)	−0.746† (−5.591)
LQ	0.0189† (3.829)	0.0189† (3.837)	0.0102† (3.925)	0.0102† (3.926)	0.0163† (3.889)	0.0185† (3.779)
INF	0.00721** (2.278)	0.00713** (2.249)	0.0125† (4.103)	0.0125† (4.105)	0.0252† (3.166)	0.00843 (1.640)
SD	−0.690† (−4.813)	−0.689† (−4.795)	0.0903 (1.558)	0.0898 (1.551)	−0.0490 (−0.627)	−0.521† (−4.493)
ERC	0.773† (4.792)	—	0.0524 (1.219)	—	0.182† (2.826)	0.403† (2.897)
Edummy	—	0.735† (5.143)	—	0.0903† (3.550)		
trend	—	—	−0.623† (−21.078)	−0.624† (−21.152)		
MI	—	—	—	—	0.0581 (0.189)	2.012† (6.890)
P_1	—	—	—	—	−4.021† (−7.357)	—
P_2	—	—	—	—	−3.546† (−7.120)	—
P_3	—	—	—	—	−3.702† (−7.913)	—
Crisis	—	—	—	—	—	−1.813† (−6.454)
常数	3.587† (8.848)	3.586† (8.829)	11.81† (24.608)	11.81† (24.634)	5.320† (6.154)	1.154** (2.111)

注：† $p<0.01$，** $p<0.05$，* $p<0.1$，括号中 t 值经过稳健标准差计算所得。

表 2　　股票价格差异回归结果 2

	(1)	(2)	(3)	(4)	(5)	(6)
DEM	-0.238† (-5.992)	-0.237† (-5.968)	-0.320† (-7.031)	-0.320† (-7.030)	-0.313† (-4.707)	-0.192† (-3.801)
LQ	0.0185† (3.768)	0.0185† (3.773)	0.0103† (3.875)	0.0103† (3.876)	0.0164† (3.864)	0.0182† (3.748)
INF	0.0310† (5.131)	0.0310† (5.123)	0.0157† (4.615)	0.0157† (4.618)	0.0271† (3.557)	0.0230† (3.235)
SD	-0.476† (-3.879)	-0.475† (-3.854)	0.123 (1.065)	0.122 (1.059)	-0.0344 (-0.449)	-0.332† (-3.388)
ERC	0.481† (4.226)	—	0.0434 (1.024)	—	0.149** (2.176)	0.288** (2.393)
Edummy	—	0.445† (4.769)	—	0.0812† (3.371)	—	—
Dummy1	-2.060† (-5.612)	-2.063† (-5.614)	-1.362† (-6.964)	-1.362† (-6.963)	-0.393** (-2.657)	-2.062† (-6.418)
trend	—	—	-0.537† (-16.450)	-0.538† (-16.510)	—	—
MI	—	—	—	—	0.226 (0.647)	1.992† (6.720)
P_1	—	—	—	—	-3.809† (-6.440)	—
P_2	—	—	—	—	-3.186† (-5.497)	—
P_3	—	—	—	—	-3.349† (-6.145)	—
Crisis	—	—	—	—	—	-0.768† (-4.477)
常数	3.916† (9.506)	3.915† (9.493)	11.69† (24.338)	11.69† (24.360)	5.057† (5.456)	1.313** (2.267)

注：† $p<0.01$，** $p<0.05$，* $p<0.1$，括号中 t 值经过稳健标准差计算所得。

附录2 | 面板数据周度回归结果（调整价格）

表3 股票价格差异回归结果3

	（1）	（2）	（3）	（4）	（5）	（6）
DEM	-0.306†	-0.306†	-0.329†	-0.329†	-0.338†	-0.268†
	(-6.669)	(-6.656)	(-8.195)	(-8.194)	(-6.247)	(-5.014)
LQ	0.0185†	0.0185†	0.0103†	0.0103†	0.0164†	0.0183†
	(3.752)	(3.756)	(3.867)	(3.868)	(3.861)	(3.728)
INF	0.0315†	0.0315†	0.0157†	0.0158†	0.0283†	0.0233†
	(5.144)	(5.137)	(4.652)	(4.655)	(4.436)	(3.252)
SD	-0.479†	-0.478†	0.123	0.122	-0.0456	-0.333†
	(-3.898)	(-3.873)	(1.072)	(1.066)	(-0.555)	(-3.400)
ERC	0.464†	—	0.0435	—	0.154**	0.274**
	(4.134)		(1.027)		(2.288)	(2.286)
Edummy	—	0.428†	—	0.0813†	—	—
		(4.680)		(3.379)		
Dummy2	-2.084†	-2.088†	-1.362†	-1.361†	-0.293**	-2.127†
	(-5.618)	(-5.620)	(-6.946)	(-6.946)	(-2.307)	(-6.527)
Dummy3	-1.830†	-1.832†	-1.309†	-1.308†	-0.214	-1.791†
	(-5.395)	(-5.395)	(-5.630)	(-5.629)	(-1.671)	(-5.814)
trend	—	—	-0.539†	-0.539†	—	—
			(-16.239)	(-16.298)		
MI	—	—	—	—	—	2.000†
						(6.763)
P_1	—	—	—	—	-3.898†	—
					(-7.979)	
P_2	—	—	—	—	-3.340†	—
					(-7.626)	
P_3	—	—	—	—	-3.496†	—
					(-7.980)	
Crisis	—	—	—	—	—	-0.691†
						(-4.089)
常数	3.950†	3.950†	11.69†	11.69†	5.402†	1.338**
	(9.489)	(9.478)	(24.346)	(24.369)	(11.035)	(2.317)

注：† $p<0.01$，** $p<0.05$，* $p<0.1$，括号中t值经过稳健标准差计算所得。

表 4　　股票价格差异回归结果 4

	（1）	（2）	（3）	（4）	（5）	（6）	（7）
TR	-2.461†	-1.645†	-1.646†	-0.519†	-0.519†	-0.463**	-1.728†
	(-5.522)	(-4.152)	(-4.147)	(-2.985)	(-2.985)	(-2.332)	(-4.062)
DEM	—	-0.232†	-0.231†	-0.245†	-0.245†	-0.251†	-0.246†
		(-6.512)	(-6.481)	(-8.249)	(-8.251)	(-5.997)	(-6.325)
LQ	—	0.0186†	0.0186†	0.0102†	0.0102†	0.0163†	0.0182†
		(3.900)	(3.909)	(3.963)	(3.964)	(3.905)	(3.853)
INF	—	-0.00572	-0.00623	0.0703†	0.0704†	0.162**	-0.00589
		(-0.266)	(-0.289)	(2.789)	(2.791)	(2.753)	(-0.161)
SD	—	-0.662†	-0.662†	0.0898	0.0893	-0.0530	-0.491†
		(-4.722)	(-4.704)	(1.569)	(1.562)	(-0.683)	(-4.302)
ERC	—	0.775†	—	0.0532	—	0.186†	0.399†
		(4.824)		(1.244)		(2.889)	(2.914)
Edummy	—	—	0.738†	—	0.0910†	—	—
			(5.158)		(3.534)		
trend	—	—	—	-0.616†	-0.616†	—	—
				(-20.301)	(-20.377)		
MI	—	—	—	—	—	0.0288	2.008†
						(0.089)	(6.838)
P_1	—	—	—	—	—	-4.046†	—
						(-7.218)	
P_2	—	—	—	—	—	-3.521†	—
						(-6.870)	
P_3	—	—	—	—	—	-3.700†	—
						(-7.477)	
Crisis	—	—	—	—	—	—	-1.841†
							(-6.462)
常数	3.282†	3.770†	3.770†	11.83†	11.83†	5.346†	1.359**
	(8.562)	(8.783)	(8.766)	(24.690)	(24.716)	(6.060)	(2.274)

注：† p<0.01，** p<0.05，* p<0.1，括号中 t 值经过稳健标准差计算所得。

附录 3
面板数据日度回归结果（收盘价格）

表 1　　　　　　　　　　股票价格差异回归结果 1

	(1)	(2)	(3)	(4)	(5)	(6)
DEM	-0.611† (-10.825)	-0.611† (-10.816)	-0.319† (-13.393)	-0.319† (-13.394)	-0.307† (-10.317)	-0.645† (-10.544)
LQ	0.00191 (1.473)	0.00191 (1.471)	0.000870 (1.051)	0.000869 (1.051)	0.00163 (1.376)	0.00191 (1.456)
INF	0.00357** (2.547)	0.00355** (2.528)	0.0116† (7.847)	0.0116† (7.848)	0.0214† (5.949)	0.00487** (2.232)
SD	-0.172** (-2.399)	-0.172** (-2.399)	0.0198* (1.951)	0.0198* (1.951)	-0.0233* (-1.788)	-0.130** (-2.365)
ERC	0.640† (8.826)	—	0.0691** (2.502)	—	0.0989** (2.545)	0.292† (5.252)
Edummy	—	0.569† (8.411)	—	0.0847† (3.165)	—	—
trend	—	—	-0.516† (-35.741)	-0.516† (-35.735)	—	—
MI	—	—	—	—	0.173 (1.259)	1.884† (14.379)
P_1	—	—	—	—	-3.418† (-14.219)	—
P_2	—	—	—	—	-2.954† (-13.477)	—
P_3	—	—	—	—	-3.053† (-14.974)	—
Crisis	—	—	—	—	—	-1.598† (-12.129)
常数	2.875† (16.524)	2.874† (16.515)	10.20† (44.579)	10.20† (44.577)	4.510† (11.590)	0.683† (2.840)

注：† $p<0.01$，** $p<0.05$，* $p<0.1$，括号中 t 值经过稳健标准差计算所得。

表2　　　　　　　　　　　股票价格差异回归结果2

	(1)	(2)	(3)	(4)	(5)	(6)
DEM	-0.200† (-11.407)	-0.200† (-11.363)	-0.304† (-14.015)	-0.304† (-14.015)	-0.288† (-9.334)	-0.162† (-7.242)
LQ	0.00183 (1.434)	0.00183 (1.433)	0.000870 (1.050)	0.000870 (1.050)	0.00164 (1.375)	0.00183 (1.424)
INF	0.0259† (9.890)	0.0259† (9.886)	0.0145† (9.003)	0.0145† (9.005)	0.0232† (6.771)	0.0187† (5.999)
SD	-0.122** (-2.482)	-0.122** (-2.482)	0.0261** (2.197)	0.0261** (2.198)	-0.0205 (-1.630)	-0.0908** (-2.398)
ERC	0.337† (6.326)	—	0.0600** (2.175)	—	0.0661* (1.703)	0.192† (4.047)
Edummy	—	0.294† (5.683)	—	0.0854† (3.218)	—	—
Dummy1	-1.815† (-10.544)	-1.816† (-10.549)	-1.229† (-13.128)	-1.229† (-13.130)	-0.357† (-5.346)	-1.801† (-11.833)
trend	—	—	-0.438† (-27.357)	-0.438† (-27.354)	—	—
MI	—	—	—	—	0.321** (2.067)	1.835† (13.880)
P_1	—	—	—	—	-3.220† (-12.343)	—
P_2	—	—	—	—	-2.626† (-10.225)	—
P_3	—	—	—	—	-2.732† (-11.425)	—
Crisis	—	—	—	—	—	-0.667† (-8.545)
常数	3.294† (18.164)	3.294† (18.161)	10.10† (44.382)	10.10† (44.380)	4.285† (10.312)	0.972† (3.697)

注：† p<0.01，** p<0.05，* p<0.1，括号中 t 值经过稳健标准差计算所得。

附录3 | 面板数据日度回归结果（收盘价格）

表3　　股票价格差异回归结果3

	（1）	（2）	（3）	（4）	（5）	（6）
DEM	-0.282†	-0.282†	-0.324†	-0.324†	-0.329†	-0.249†
	(-13.037)	(-13.024)	(-16.021)	(-16.021)	(-12.414)	(-9.958)
LQ	0.00184	0.00183	0.000873	0.000873	0.00163	0.00184
	(1.436)	(1.435)	(1.052)	(1.052)	(1.375)	(1.426)
INF	0.0265†	0.0265†	0.0146†	0.0146†	0.0249†	0.0191†
	(9.934)	(9.931)	(9.085)	(9.087)	(8.660)	(6.051)
SD	-0.124**	-0.124**	0.0260**	0.0260**	-0.0239*	-0.0926**
	(-2.487)	(-2.487)	(2.204)	(2.204)	(-1.821)	(-2.403)
ERC	0.312†	—	0.0601**	—	0.0640	0.174†
	(5.937)		(2.182)		(1.570)	(3.642)
Edummy	—	0.269†	—	0.0855†	—	—
		(5.251)		(3.227)		
Dummy2	-1.843†	-1.844†	-1.227†	-1.227†	-0.214†	-1.874†
	(-10.571)	(-10.576)	(-13.097)	(-13.099)	(-3.600)	(-12.068)
Dummy3	-1.539†	-1.540†	-1.099†	-1.099†	-0.0757	-1.493†
	(-9.855)	(-9.857)	(-10.354)	(-10.356)	(-1.234)	(-10.443)
trend	—	—	-0.442†	-0.442†	—	—
			(-27.323)	(-27.320)		
MI	—	—	—	—	—	1.842†
						(13.981)
P_1	—	—	—	—	-3.350†	—
					(-15.803)	
P_2	—	—	—	—	-2.852†	—
					(-14.759)	
P_3	—	—	—	—	-2.954†	—
					(-15.268)	
Crisis	—	—	—	—	—	-0.579†
						(-7.625)
常数	3.335†	3.334†	10.11†	10.11†	4.770†	1.004†
	(18.126)	(18.123)	(44.423)	(44.421)	(21.940)	(3.833)

注：† p<0.01，** p<0.05，* p<0.1，括号中t值经过稳健标准差计算所得。

表 4　　股票价格差异回归结果 4

	(1)	(2)	(3)	(4)	(5)	(6)	(7)
DEM	-2.012†	-1.376†	-1.375†	-0.431†	-0.431†	-0.365†	-1.434†
	(-10.267)	(-7.280)	(-7.274)	(-5.240)	(-5.240)	(-3.997)	(-7.163)
DEM	—	-0.202†	-0.202†	-0.239†	-0.239†	-0.239†	-0.219†
		(-11.721)	(-11.710)	(-14.679)	(-14.681)	(-11.796)	(-12.280)
LQ	—	0.00186	0.00186	0.000864	0.000864	0.00163	0.00186
		(1.456)	(1.454)	(1.049)	(1.049)	(1.379)	(1.438)
INF	—	-0.0338†	-0.0339†	0.0523†	0.0523†	0.122†	-0.0329**
		(-3.435)	(-3.449)	(4.436)	(4.436)	(4.728)	(-2.100)
SD	—	-0.163**	-0.164**	0.0200*	0.0200*	-0.0244*	-0.121**
		(-2.413)	(-2.413)	(1.952)	(1.952)	(-1.852)	(-2.384)
ERC	—	0.640†	—	0.0688**	—	0.101**	0.288†
		(8.831)		(2.469)		(2.590)	(5.339)
Edummy	—	—	0.565†	—	0.0846†	—	—
			(8.363)		(3.121)		
trend	—	—	—	-0.509†	-0.509†	—	—
				(-34.724)	(-34.718)		
MI	—	—	—	—	—	0.163	1.885†
						(1.128)	(14.313)
P_1	—	—	—	—	—	-3.430†	—
						(-13.921)	
P_2	—	—	—	—	—	-2.924†	—
						(-13.006)	
P_3	—	—	—	—	—	-3.040†	—
						(-14.104)	
Crisis	—	—	—	—	—	—	-1.612†
							(-12.120)
常数	2.852†	3.057†	3.055†	10.21†	10.21†	4.514†	0.873†
	(17.002)	(16.653)	(16.644)	(44.615)	(44.614)	(11.389)	(3.328)

注：† $p<0.01$，** $p<0.05$，* $p<0.1$，括号中 t 值经过稳健标准差计算所得。

附录4
面板数据日度回归结果（调整价格）

表1　　　　　　　　　　股票价格差异回归结果1

	(1)	(2)	(3)	(4)	(5)	(6)
DEM	-0.706† (-10.953)	-0.706† (-10.944)	-0.347† (-12.460)	-0.347† (-12.460)	-0.342† (-9.919)	-0.749† (-10.656)
LQ	0.00203 (1.466)	0.00203 (1.464)	0.000840 (0.994)	0.000840 (0.993)	0.00170 (1.361)	0.00203 (1.449)
INF	0.00329** (2.066)	0.00326** (2.048)	0.0130† (7.831)	0.0130† (7.832)	0.0244† (5.985)	0.00533** (2.159)
SD	-0.193** (-2.340)	-0.193** (-2.340)	0.0247** (2.189)	0.0247** (2.189)	-0.0247 (-1.594)	-0.147** (-2.296)
ERC	0.714† (8.642)	—	0.0742** (2.623)	—	0.102** (2.418)	0.321† (5.090)
Edummy	—	0.638† (8.299)	—	0.0917† (3.385)	—	—
trend	—	—	-0.597† (-38.815)	-0.597† (-38.805)	—	—
MI	—	—	—	—	0.102 (0.640)	2.051† (13.757)
P_1	—	—	—	—	-3.893† (-14.183)	—
P_2	—	—	—	—	-3.433† (-13.832)	—
P_3	—	—	—	—	-3.547† (-15.427)	—
Crisis	—	—	—	—	—	-1.808† (-12.188)
常数	3.190† (16.102)	3.188† (16.093)	11.55† (47.541)	11.55† (47.539)	5.180† (11.587)	0.818† (2.967)

注：†$p<0.01$，**$p<0.05$，*$p<0.1$，括号中 t 值经过稳健标准差计算所得。

表2　　　　　　　　　　股票价格差异回归结果2

	(1)	(2)	(3)	(4)	(5)	(6)
DEM	-0.231†	-0.231†	-0.330†	-0.330†	-0.321†	-0.192†
	(-11.919)	(-11.878)	(-12.959)	(-12.960)	(-8.938)	(-7.491)
LQ	0.00193	0.00193	0.000840	0.000840	0.00171	0.00194
	(1.425)	(1.423)	(0.993)	(0.992)	(1.361)	(1.414)
INF	0.0290†	0.0290†	0.0162†	0.0162†	0.0264†	0.0213†
	(9.813)	(9.810)	(8.887)	(8.890)	(6.789)	(6.032)
SD	-0.135**	-0.135**	0.0315**	0.0315**	-0.0217	-0.102**
	(-2.397)	(-2.397)	(2.447)	(2.447)	(-1.455)	(-2.297)
ERC	0.365†	—	0.0643**	—	0.0668	0.206†
	(6.117)		(2.292)		(1.588)	(3.853)
Edummy	—	0.321†	—	0.0924†	—	—
		(5.595)		(3.468)		
Dummy1	-2.096†	-2.097†	-1.329†	-1.329†	-0.382†	-2.077†
	(-10.758)	(-10.763)	(-13.022)	(-13.024)	(-5.105)	(-12.087)
trend	—	—	-0.512†	-0.512†	—	—
			(-29.700)	(-29.695)		
MI	—	—	—	—	0.260	1.994†
					(1.445)	(13.304)
P_1	—	—	—	—	-3.681†	
					(-12.330)	
P_2	—	—	—	—	-3.081†	
					(-10.584)	
P_3	—	—	—	—	-3.204†	
					(-11.857)	
Crisis	—	—	—	—	—	-0.735†
						(-8.754)
常数	3.674†	3.673†	11.44†	11.44†	4.939†	1.151†
	(17.848)	(17.845)	(47.360)	(47.358)	(10.332)	(3.832)

注：†p<0.01，** p<0.05，* p<0.1，括号中t值经过稳健标准差计算所得。

附录 4 | 面板数据日度回归结果（调整价格）

表 3 股票价格差异回归结果 3

	(1)	(2)	(3)	(4)	(5)	(6)
DEM	−0.297†	−0.297†	−0.337†	−0.337†	−0.345†	−0.265†
	(−12.454)	(−12.442)	(−14.663)	(−14.664)	(−11.518)	(−9.409)
LQ	0.00194	0.00194	0.000841	0.000841	0.00171	0.00195
	(1.426)	(1.425)	(0.993)	(0.993)	(1.360)	(1.416)
INF	0.0295†	0.0295†	0.0162†	0.0162†	0.0276†	0.0216†
	(9.831)	(9.828)	(8.953)	(8.955)	(8.528)	(6.069)
SD	−0.137**	−0.137**	0.0315**	0.0315**	−0.0244	−0.103**
	(−2.400)	(−2.400)	(2.448)	(2.448)	(−1.567)	(−2.301)
ERC	0.345†	—	0.0644**	—	0.0654	0.191†
	(5.858)		(2.294)		(1.498)	(3.558)
Edummy	—	0.301†	—	0.0924†	—	—
		(5.300)		(3.471)		
Dummy2	−2.118†	−2.120†	−1.328†	−1.328†	−0.267†	−2.138†
	(−10.754)	(−10.759)	(−12.987)	(−12.989)	(−4.166)	(−12.241)
Dummy3	−1.876†	−1.876†	−1.289†	−1.289†	−0.203†	−1.820†
	(−10.490)	(−10.492)	(−10.683)	(−10.685)	(−2.991)	(−11.117)
trend	—	—	−0.513†	−0.513†	—	—
			(−29.266)	(−29.261)		
MI	—	—	—	—	—	2.000†
						(13.376)
P_1	—	—	—	—	−3.787†	—
					(−15.672)	
P_2	—	—	—	—	−3.252†	—
					(−15.015)	
P_3	—	—	—	—	−3.360†	—
					(−15.574)	
Crisis	—	—	—	—	—	−0.662†
						(−8.055)
常数	3.706†	3.706†	11.44†	11.44†	5.328†	1.178†
	(17.772)	(17.770)	(47.382)	(47.380)	(21.464)	(3.932)

注：† $p<0.01$，** $p<0.05$，* $p<0.1$，括号中 t 值经过稳健标准差计算所得。

表 4　　股票价格差异回归结果 4

	（1）	（2）	（3）	（4）	（5）	（6）	（7）
TR	-2.352†	-1.719†	-1.718†	-0.586†	-0.586†	-0.533†	-1.801†
	(-10.475)	(-7.872)	(-7.867)	(-5.902)	(-5.902)	(-4.799)	(-7.746)
DEM	—	-0.201†	-0.201†	-0.240†	-0.240†	-0.243†	-0.222†
		(-10.736)	(-10.725)	(-13.694)	(-13.695)	(-10.887)	(-11.415)
LQ	—	0.00197	0.00197	0.000832	0.000832	0.00170	0.00196
		(1.447)	(1.445)	(0.990)	(0.990)	(1.364)	(1.428)
INF	—	-0.0327†	-0.0329†	0.0705†	0.0705†	0.152†	-0.0271
		(-2.913)	(-2.927)	(5.290)	(5.290)	(5.151)	(-1.518)
SD	—	-0.184**	-0.184**	0.0246**	0.0246**	-0.0264	-0.137**
		(-2.355)	(-2.355)	(2.169)	(2.169)	(-1.684)	(-2.314)
ERC	—	0.719†	—	0.0753**	—	0.106**	0.319†
		(8.706)		(2.634)		(2.517)	(5.221)
Edummy	—	—	0.639†	—	0.0930†	—	—
			(8.318)		(3.384)		
trend	—	—	—	-0.587†	-0.587†	—	—
				(-37.521)	(-37.512)		
MI	—	—	—	—	—	0.0765	2.044†
						(0.459)	(13.617)
P_1	—	—	—	—	—	-3.914†	—
						(-13.919)	
P_2	—	—	—	—	—	-3.384†	—
						(-13.382)	
P_3	—	—	—	—	—	-3.515†	—
						(-14.553)	
Crisis	—	—	—	—	—	—	-1.835†
							(-12.233)
常数	3.181†	3.408†	3.406†	11.56†	11.56†	5.210†	1.059†
	(16.603)	(16.309)	(16.301)	(47.571)	(47.569)	(11.421)	(3.514)

注：† $p<0.01$，** $p<0.05$，* $p<0.1$，括号中 t 值经过稳健标准差计算所得。